Verhandlungen, Mitteilungen
und
Berichte
des
Centralverbandes Deutscher Industrieller.

№. 102.

Herausgegeben
vom
Geschäftsführer H. A. Bueck, Berlin W., Karlsbad 4a.
Telephon: Nr. 2527, Amt VI.

Januar 1906.

Berlin 1906.
J. Guttentag, Verlagsbuchhandlung,
G. m. b. H.

I.
Sitzung des Ausschusses
des
Centralverbandes Deutscher Industrieller
am 9. Dezember 1905.

II.
Reden beim Festmahle
zu Ehren des Geschäftsführers H. A. Bueck
am 9. Dezember 1905.

III.
Betrachtungen über die sozialpolitischen Vorgänge im ablaufenden Jahre 1905.
Von H. A. Bueck.

IV.
Auf verlorenem Posten?
Vom Regierungsrat a. D. Dr. Eugen Leidig.

Inhaltsverzeichnis.

I.

Sitzung des Ausschusses

des

Centralverbandes Deutscher Industrieller,

abgehalten am

9. Dezember 1905, nachmittags 1 Uhr, zu Berlin im Savoy-Hotel.

Vorsitzender, Hüttenbesitzer **R. Bopelius-Sulzbach**, Mitglied des Herrenhauses: Meine Herren, ich eröffne die Sitzung und habe die Ehre, Sie namens des Direktoriums zu begrüßen.

Meine Herren, seit unserer letzten Ausschußsitzung im verflossenen Monat ist leider Herr Geheimer Finanzrat Leipoldt, Generaldirektor in Aachen, uns durch den Tod entrissen worden. Herr Leipoldt hat während der kurzen Zeit, in der er dem Ausschuß angehörte, sich für alle Sitzungen aufs lebhafteste interessiert, und wir bedauern seinen Heimgang ganz außerordentlich. Ich darf bitten, zu seinem Andenken sich zu erheben. (Geschieht.)

Wir treten in die Tagesordnung ein.

I. Geschäftliche Angelegenheiten:

a) Festsetzung des Etats des Jahres 1906.

Meine Herren, nach einem Antrage, welchen Herr Geheimrat Servaes hier im Ausschuß gestellt hat und der damals allgemeine Billigung gefunden hat, soll der Etat nur in seinen Endpositionen vor dem Ausschuß hier erscheinen.

Ich darf annehmen, daß Sie auch, wie früher, den Ihnen vorgelegten Etat gutheißen werden. — Ich konstatiere das.

Wir kommen zu Ib der Tagesordnung:

Neuwahl der aus drei Personen bestehenden Prüfungskommission der Jahresrechnung 1905.

Geschäftsführer **Bueck**-Berlin: Die Herren waren: Herr van den Wyngaert, Herr Baurat Krause, Herr Generaldirektor Werminghoff.

Vorsitzender: Meine Herren, wenn kein anderer Vorschlag gemacht wird — und das geschieht nicht —, so darf ich wohl ohne besondere Abstimmung konstatieren, daß Sie die drei Herren wiedergewählt haben. — Ich konstatiere das.

Meine Herren, Punkt Ic der Tagesordnung betrifft

Zuwahl von Mitgliedern in den Ausschuß.

Meine Herren, das Direktorium schlägt Ihnen vor, in den Ausschuß zu kooptieren Herrn Heinrich Landsberg, Direktor des Heddernheimer Kupferwerks, vormals F. A. Hesse Söhne zu Frankfurt a. M., Vorsitzenden der Verkaufsstelle des Kupferblechverbandes in Kassel;

Herrn Direktor C. von der Herberg-Mülheim a. Rhein, Vorsitzenden der Verkaufsstelle des Deutschen Kupferdrahtverbandes in Köln;

Herrn Direktor Merwitz, Vorsitzenden der Verkaufsstelle des Deutschen Kupferrohrverbandes in Köln.

Meine Herren, das sind drei neue Syndikate, die sich gebildet haben, und es liegt wohl in unserem Interesse, daß diese Syndikate hier im Ausschuß vertreten sind. Darf ich Ihre Zustimmung zur Kooptation dieser Herren annehmen? (Wird bejaht.)

Meine Herren, ferner schlägt Ihnen das Direktorium vor, zu kooptieren:

Herrn Generaldirektor Springorum-Dortmund, Vorsitzenden des Vereins Deutscher Eisenhüttenleute;

Herrn Generaldirektor Leistikow-Waldenburg, Vorsitzenden des Vereins Deutscher Eisengießereien und des Ostdeutsch-Sächsischen Hüttenvereins;

Herrn Geheimen Kommerzienrat Doms-Oppeln, Vorsitzenden der Handelskammer Oppeln;

Herrn Generaldirektor Zilleken-Neunkirchen, stellvertretenden Vorsitzenden des Vereins Deutscher Eisen- und Stahlindustrieller;

Herrn Fabrikbesitzer Hans Zanders, i. Fa. J. W. Zanders, Papierfabriken in Bergisch-Gladbach.

Meine Herren, ich stelle die fünf Herren zur Wahl und konstatiere, daß Sie dieselben einstimmig in den Ausschuß kooptiert haben.

Damit ist der I. Gegenstand der Tagesordnung erledigt und wir kommen zu

II. die Flottenvorlage.

Herr Generalsekretär Bueck wird darüber referieren.

Berichterstatter Geschäftsführer **H. A. Bueck**-Berlin: Meine Herren, im Jahre 1872 betrug der deutsche Außenhandel $5^1/_2$ Milliarden, im Jahre 1904 $12^1/_4$ Milliarden. Diese beiden Zahlen entrollen das Bild einer gewaltigen wirtschaftlichen Entwickelung, nicht nur auf dem Gebiete des Handels, sondern auch auf dem der produktiven Tätigkeit; denn nur auf der Grundlage einer großen, fortschreitenden produktiven Tätigkeit kann sich der Handel eines Landes derart entwickeln, wie es diese Zahlen des deutschen Außenhandels zeigen.

Diese Entwickelung hat sich vollzogen seit der Wiedererrichtung des Deutschen Reiches in seiner neuen Kraft und Größe, und sie beruht auf dieser; denn nur kräftig aufblühende mächtige Staatswesen sind in der Lage, ihre wirtschaftlichen Verhältnisse in so gewaltiger Entwickelung auszugestalten und in den weitesten Fernen auf unserem Erdball zur Geltung zu bringen.

Meine Herren, die Grundlage unserer wirtschaftlichen Entwickelung, das festgefügte mächtige Staatswesen, ist geschaffen worden durch das deutsche Heer, durch das Volk in Waffen; denn das deutsche Heer, dem jeder Deutsche ohne Unterschied der Geburt, des Standes oder der Religion angehören muß, soweit seine körperliche Beschaffenheit es irgend gestattet, ist in der wahren Bedeutung des Wortes ein Volksheer. Der Vorgänger des deutschen war das preußische Heer. Hervorgegangen aus der bitteren Not der Zeit, hat dieses Heer vor nunmehr bald hundert Jahren Deutschland von der Fremdherrschaft befreit — die große Eselei des Jahres 1813, wie die „Neue Zeit", die sogenannte wissenschaftlich-literarische Vertretung der Sozialdemokratie, diese Volkserhebung in ihrer letzten Nummer bezeichnet hat — (Hört, hört!) —, es hat dann in kurzen, kräftigen Schlägen die Mächte zurückgedrängt, die sich so lange der deutschen Einheit entgegengestellt hatten, es hat die Einigung vorbereitet und dann, in engster Verbrüderung mit den Heeren der übrigen deutschen Staaten und Stämme, in glanzvollen Waffentaten das angreifende Frankreich unterworfen und das Deutsche Reich errichtet. Der Ruhm des deutschen Heeres erfüllt die Welt, und widerspruchslos wird heute Deutschland als die erste Militärmacht der Welt anerkannt.

Diese Machtfülle des Deutschen Reiches hat seither mit der Unterstützung seiner Bundesgenossen den Frieden in Europa gesichert, unter dessen befruchtender Einwirkung auch in Deutschland Wissenschaft und Kunst, Industrie und Gewerbe, Handel und Schiffahrt zu einer außerordentlichen Blüte gelangt sind. Das beweisen die Zahlen unseres Außenhandels, das beweist das Anwachsen unserer Reederei und Schiffahrt, das beweist die Anlage unserer Kapitalien im Auslande.

Meine Herren, über die Entwickelung unserer Schiffahrt möchte ich mir erlauben, Ihnen nur kurz einige Zahlen zu geben. Die deutsche Handelsflotte umfaßte 1904/05 einen Tonnengehalt von 2 288 300 Tonnen. Es hat dieser Tonnengehalt in den letzten dreißig Jahren um 120 pCt. zugenommen. Die englische Handelsflotte umfaßt einen Tonnengehalt von 11 1/4 Millionen. In demselben Zeitraum hat aber die englische Handelsflotte nur um 52 1/10 pCt. bezüglich des Tonnengehalts zugenommen.

Deutschland steht rechnerisch bezüglich seiner Handelsflotte an dritter Stelle, weil der Tonnengehalt der Handelsflotte der Vereinigten Staaten um eine Kleinigkeit größer ist. Tatsächlich aber ist die deutsche Flotte derjenigen der Vereinigten Staaten unendlich weit überlegen, weil die Flotte der Vereinigten Staaten sich in der Hauptsache in der Küstenschiffahrt betätigt, während die große Fahrt in hohem Maße von Deutschland ausgeübt wird. Die beiden größten Dampferlinien der Welt in der großen Fahrt sind deutsche.

Dennoch, meine Herren, ist die englische Handelsflotte der deutschen weit überlegen, denn wenn der Raumgehalt aller Handelsflotten der Erde zusammengerechnet wird, so fällt auf England allein die Hälfte: 49,9 pCt. Es folgen dann die Vereinigten Staaten mit 10,5 pCt., dann Deutschland mit 9,2 pCt., Norwegen mit 5,6 pCt., Frankreich mit 4,5 pCt., Italien mit 3,9 pCt., Rußland mit 3,7 pCt., alle übrigen Länder zusammen mit 17,7 pCt.

Jede aufblühende Volkswirtschaft hat das Bedürfnis, für Menschen und Kapital, die im Inlande nicht genügende Verwendung und Verwertung finden, solche im Auslande zu suchen. Das hat sich auch in Deutschland bestätigt. Millionen Deutsche sind im Auslande, besonders an überseeischen Plätzen, teilweise dort in führender Stellung, tätig, und arbeiten, in enger Verbindung mit dem Vaterlande, für dessen Interessen. Das im Auslande arbeitende deutsche Kapital ist im vergangenen Jahre von sehr sachverständiger Seite nach eingehenden Forschungen auf rund 20 Milliarden Mark geschätzt worden. Die Mitteilungen über die deutschen Seeinteressen, die vor einigen Tagen in der Norddeutschen Allgemeinen Zeitung erschienen sind, schätzen das Kapital weit höher, auf 24 bis 26 Milliarden, und, wenn das

Privatvermögen der im Auslande lebenden und arbeitenden Deutschen hinzugerechnet wird, auf 30 bis 40 Milliarden.

Meine Herren, diese Tatsachen zeigen, daß Deutschland mit seinen hochgespannten Interessen als Weltmacht in den weitesten Teilen, in den entferntesten Gebieten unseres Erdballs Wurzel geschlagen hat. Sie zeigen aber auch, daß Deutschland aus diesen Wurzeln einen bedeutenden Teil seiner Kraft zieht, daß sein wirtschaftliches Gedeihen, die Beschäftigung und Ernährung eines sehr erheblichen Teiles seines Volkes von seinen wirtschaftlichen Verbindungen mit den anderen Ländern der Erde, von seinem Außenhandel, von seiner Reederei und Schiffahrt abhängt.

Meine Herren, daß diese Faktoren, daß der überseeische Handel alle Zeit eine der wesentlichsten Grundlagen für das Gedeihen der Völker und Staaten gewesen ist, lehrt die Geschichte. Die Karthager im Altertum, vor deren Macht einst das stolze Rom erzitterte, trieben in weitem Umfange Seehandel bis an die äußersten Grenzen der damals bekannten Welt. Selbst Rom verdankte einen Teil seines Reichtums seinem überseeischen Handel. Im Mittelalter haben die stolzen Republiken Genua und Venedig ihren Ruhm, ihre Größe und ihren Glanz wesentlich erreicht durch ihren Seehandel und später in dem Zeitalter der Entdeckungen ebenso Portugal, Spanien und die Holländer.

Das schlagendste Beispiel in neuerer Zeit und bis auf den heutigen Tag bildet England. Sein großes wirtschaftliches Uebergewicht auf fast allen Gebieten ist aus seinem umfassenden Welt- und Seehandel, aus seiner Reederei und Schiffahrt hervorgegangen. Diese Faktoren bilden die Grundlage seines Reichtums, seiner Macht und Größe.

Aber, meine Herren, noch ein anderes lehrt dieser kurze, geschichtliche Rückblick. Alle diese Staaten, vielleicht abgesehen von Rom, dessen große Macht doch hauptsächlich in seinen Legionen lag, haben zwar auch Landtruppen gehalten, um ihre Interessen zu Lande gelegentlich vertreten zu können; den Schwerpunkt ihrer militärischen Kräfte legten sie aber in ihre Streitkräfte zur See, die sie aufs äußerste entwickelten, mit denen sie ihren Handel zur See schützten und förderten. Er nahm ab und verfiel gänzlich mit ihrer Macht und Größe, je nachdem sich ihnen ein Stärkerer entgegenstellte, ihre Flotten vom Weltmeere wegfegte und die Herrschaft zur See an sich riß. Auf diesem Wege hat England seine Herrschaft im Welthandel, in Reederei und Schiffahrt begründet und bis auf den heutigen Tag behauptet, denn mit seinen Streitkräften zur See ist es allen anderen überlegen; seine Flotte beherrscht das Weltmeer.

Freilich hat England allmählich von dieser Beherrschung des Welthandels anderen einen Teil abtreten müssen. Als die Gewalt mehr und mehr durch die Anerkennung der Gesetze des Völkerrechts zurückgedrängt wurde, als auch auf den Straßen des Welthandels, den Weltmeeren, das Faustrecht verbannt, der Verkehr sicherer wurde, wofür England in hohem Maße das Verdienst zugeschrieben werden muß, da mußte sich England gefallen lassen, daß auch andere Staaten mit ihrer wachsenden wirtschaftlichen Kraft und produktiven Tätigkeit, mit der Ausgestaltung ihrer Reederei und Schiffahrt die aktive Handelspolitik aufnahmen und sich auf dem Weltmarkt erfolgreich betätigten, auch ohne mit ihren Streitkräften zur See eine absolute Herrschaft ausüben zu können.

An die Spitze dieser Staaten ist Deutschland getreten. In früher ungeahnter Weise ist es ihm gelungen, den Wettbewerb gegen England aufzunehmen und in seinem Außenhandel ihm nachzustreben. Mit der Zahl von 12¹/₄ Milliarden ist es England sehr nahe gerückt, denn England ist ihm nur noch mit etwas über drei Milliarden überlegen. Deutschland steht mit seinem Außenhandel, allen anderen voran, nächst England an zweiter Stelle.

Aber, meine Herren, diese Verhältnisse zeigen auch, wie außerordentlich groß die Interessen sind, die Deutschland bezüglich seines Außenhandels und der damit verbundenen Reederei und Schiffahrt zu vertreten und zu schützen hat. Diese Stellung hat Deutschland nur erreichen können, wie ich mir bereits erlaubt habe anzudeuten, unter dem Schutze des Völkerrechts und indem es Nutzen von der auch auf den Seewegen geschaffenen Sicherheit zog. Während aber alle die anderen Staaten, die sich auch allmählich am Welthandel beteiligten, aufs äußerste bestrebt waren, auch ihre Streitkräfte zur See auszugestalten, um zum mindesten den gleich Mächtigen im gegebenen Falle gegenübertreten, ihre überseeischen Interessen schützen und fördern zu können, hat Deutschland auf diesem Gebiete lange Zeit nichts getan, und was später getan worden ist, war unzulänglich.

Erst in neuerer Zeit haben die Verbündeten Regierungen, hat ein großer Teil des Volkes die Notwendigkeit anerkannt, selbst etwas für den Schutz seiner überseeischen Interessen zu tun, Streitkräfte zu schaffen, die irgend ausreichen könnten, in der bezeichneten Richtung nachhaltig zu wirken. Denn, meine Herren, in **Beziehungen, die für diese Verhältnisse besonders maßgebend sind, hat sich die Weltlage, haben sich die allgemeinen politischen Verhältnisse gänzlich geändert.** Die Erkenntnis, daß das wirtschaftliche Gedeihen die hauptsächlichste Grundlage aller modernen Kulturstaaten bildet, ist nachgerade allgemein geworden. Dieses Gedeihen unter allen Umständen zu sichern und zu fördern ist heute die Hauptaufgabe der großen Politik. Japan hat in merkwürdiger Voraussicht von langer Hand den Krieg mit Rußland vorbereitet, lediglich um seine wirtschaftlichen Interessen in seiner Interessensphäre zu schützen. So werden künftige Kriege wohl nur noch um wirtschaftliche Interessen geführt werden. Je mehr sich der Wettbewerb auf den doch immerhin räumlich begrenzten Gebieten unseres Erdballes zuspitzt, je mehr der Einzelne sich durch diesen Wettbewerb in seinen vitalen Interessen benachteiligt fühlt, um so mehr ist zu befürchten, daß das Recht wieder der Gewalt wird weichen müssen, daß der Mächtigere den Schwächeren mit Gewalt aus seiner wirtschaftlichen Stellung zu werfen, ihn wirtschaftlich zu vernichten suchen wird.

Meine Herren, ich will auf die politischen Ereignisse nicht weiter eingehen, die in weiten Kreisen unseres Volkes die Ueberzeugung erweckt haben, daß für Deutschland diese Gefahr vorhanden ist und immer näher rückt. Daran knüpft sich aber die weitere Ueberzeugung, daß unser stolzes, glänzendes Heer allein Deutschland vor dieser Gefahr nicht schützen kann, sondern daß der Schutz nur zu erwarten ist von einer wirkungsvollen Ausgestaltung unserer Streitkräfte zur See.

Meine Herren, die Misère der deutschen Flotte ist Ihnen bekannt. Die Schiffe, die im Rausche des Jahres 1848 als deutsche Schiffe gebaut waren, kamen sehr bald auf Beschluß des Bundesrates unter den Hammer. Preußen hat sich redlich bemüht mit den geringen Mitteln, die ihm zur Verfügung standen, die Anfänge einer Flotte zu schaffen. Was Preußen geschaffen hatte, wurde vom Reiche übernommen, und es wurde tatsächlich versucht, nunmehr mit Ernst an die Schaffung einer deutschen Flotte heranzutreten. Aber alles, was geschah, war unzulänglich; es mußte in schwerem, hartem Kampfe der Mehrheit des Deutschen Reichstages abgerungen werden. Denn diese Mehrheit hatte kein Verständnis für die Notwendigkeit einer aktiven Handelspolitik, für die Notwendigkeit der Ausbreitung unseres Exports hauptsächlich im Interesse unserer Arbeiter selbst, und daher auch nicht für die Bedeutung unserer überseeischen Interessen.

Meine Herren, die Flottenfrage wie überhaupt alle, die Wehrkraft unseres Vaterlandes betreffenden Fragen wurden in Deutschland, in merkwürdigem Gegensatz zu dem Verhalten der Parteien in anderen Staaten, in England, in Frankreich und auch in den Vereinigten Staaten, von unseren Parteien lediglich zu politischen Parteifragen gemacht und demgemäß behandelt. Denn der Einfluß der allen Aus=

gaben für Heer und Flotte widerstrebenden Parteien im Reichstage, zu denen, abgesehen vom Zentrum und den Sozialdemokraten, besonders die linksliberalen bürgerlichen Parteien gehörten, war so mächtig, daß, als die Verbündeten Regierungen endlich das erste, einigermaßen durchgreifende Flottengesetz, die Flottenvorlage vom Jahre 1897, einbrachten, der deutsche Handelstag mit Rücksicht auf den Widerspruch einiger einflußreicher Handelskammern nicht wagte, diese Frage auf die Tagesordnung zu setzen. (Hört, hört!) Das Aeltestenkollegium der Kaufmannschaft von Berlin erklärte, die Flottenfrage sei keine wirtschaftliche Frage, sondern nur eine politische Frage (Bewegung); es stellte sich damit auf die Seite der Abgeordneten Richter und Schönlank, welche übereinstimmend erklärt hatten, daß die Flottenfrage mit Handel und Industrie nichts gemein hätte.

Meine Herren, dieser Widerspruch wurde schwer beklagt von einem großen Teil unseres Volkes, namentlich von Handel und Industrie. Der Centralverband hat eine jenen Körperschaften durchaus entgegengesetzte Stellung eingenommen. Ihm waren die eindringlichen Klagen nicht entgangen, die von den Deutschen im Auslande, namentlich von den Deutschen an den überseeischen Plätzen, lebhaft und fortgesetzt über Vernachlässigung der deutschen Interessen erklangen — Vernachlässigung dadurch, daß wir wegen des Mangels an Schiffen unsere Flagge nur so selten oder gar nicht an den überseeischen Plätzen zeigen konnten, daß überhaupt die deutschen Interessen schutzlos an den meisten überseeischen Plätzen der Erde waren.

Meine Herren, als die Flottenvorlage 1897 eingebracht und in der Weise, wie ich es angedeutet habe, von den großen Parteien im Reichstag ablehnend behandelt wurde, da trat der Vorsitzende des Centralverbandes Reichsrat von Haßler, dessen Andenken wir ja so hoch in Ehren halten, mit dem Präsidenten der Handelskammer in Hamburg, Herrn Wörmann, einem der großen Handelskönige, der, selbst Reeder und Schiffsherr, zu den größten und bedeutendsten Pionieren unseres Außenhandels gehört hat und heute noch gehört, zusammen, um ein Komitee zu bilden, das den Aufruf zu einer Flottenkundgebung erließ. Diese Kundgebung hat am 13. Januar 1898 stattgefunden. Sie hatte einen glänzenden Verlauf. Der große Saal des Kaiserhofs war bis in die äußersten Winkel gefüllt. Fast keiner oder sehr wenige unserer großen Industriellen, unserer führenden Handelsherren fehlte. Besetzt waren die Nebenräume, und Hunderte mußten wegen Mangel an Raum weichen.

In dieser Versammlung wurde ein Beschluß gefaßt, der zur Stärkung der Position der Regierung wesentlich beigetragen hat, und so ist dann dieses Gesetz auch im Reichstage verabschiedet worden, ohne daß wesentliche Abstriche vorgenommen worden sind.

Meine Herrn, diese Vorlage des Jahres 1897, die im folgenden Jahre Gesetz wurde, hatte sich als so unzulänglich erwiesen, daß die Regierung schon im Jahre 1900 einen neuen Gesetzentwurf einbrachte, der in gleicher Weise angefeindet wurde. In der Delegiertenversammlung des Centralverbandes vom 13. Februar 1900 bin ich auf diese Verhältnisse in meinem Geschäftsbericht eingegangen. Ich habe die Notwendigkeit der Stärkung unserer Seemacht darzulegen versucht und gab damit Anregung, daß unser hochverehrtes Mitglied der Herr Generaldirektor Oechelhaeuser einen Antrag stellte, der folgenden Wortlaut hatte:

„Die Delegiertenversammlung des Centralverbandes Deutscher Industrieller erkennt an, daß die gegenwärtigen Streitkräfte Deutschlands zur See durchaus unzureichend sind, um dem deutschen Vaterlande die Weltmachtstellung zu geben und zu erhalten, die ihm bei der hohen Entwickelung seiner Interessen auf und über See gebührt. An diesen Interessen ist das gesamte Volk, in besonders erheblichem Umfange die Arbeiterschaft, beteiligt, da die Existenz von Millionen derselben abhängt von dem ungestörten Fortgang der Arbeit, demgemäß von der ungehinderten Einfuhr der Rohmaterialien, der fortgesetzten Steigerung unseres überseeischen Absatzes und des Welthandels überhaupt. Daher haben die Mitglieder des Centralverbandes die Flottenvorlage freudig begrüßt, und die Delegiertenversammlung spricht einmütig die Erwartung aus, daß die Vorlage ungeschmälert die Billigung des Reichstages finden werde."

Meine Herren, dieser Beschluß wurde einstimmig von der Delegiertenversammlung angenommen und Seiner Majestät dem Kaiser in einem Telegramm davon Mitteilung gemacht. Die hier ausgesprochene Erwartung, daß der Reichstag die Vorlage ungeschmälert annehmen würde, erfüllte sich nicht. Die Verbündeten Regierungen hatten die Notwendigkeit erkannt, im Ausland kräftiger mit der deutschen Seemacht auftreten zu können; sie verlangten zu diesem Zwecke die Bewilligung von sechs großen und sieben kleinen Kreuzern. Der Bau dieser Kreuzer sollte jedoch erst im Jahre 1906, nach Beendigung der Bauten, die mit dem Gesetz von 1898 bewilligt waren, angefangen werden. Diese Kreuzer wurden von dem Reichstag nicht bewilligt.

Inzwischen, meine Herren, hat sich wieder die Weltlage durch große, fast welterschütternde Ereignisse geändert. Ein großer Krieg ohne Beispiel in der Weltgeschichte, wenn man die in Bewegung gesetzten Kräfte und Massen betrachtet, hat stattgefunden. In diesem Kriege ist Rußland besiegt worden. Im Innern wie wohl auch finanziell tief zerrüttet, scheidet dieses Land wohl für Jahre aus den Kalkulationen aus, die in Bezug auf die allgemeine politische Lage gemacht werden können. Das siegreiche Japan hat sich in unglaublich kurzer Zeit zu einer Großmacht entwickelt. Seine Flotte nimmt den zweiten Rang hinter der englischen ein, ist aber insofern begünstigt, da sie konzentrierter als die englische auftreten kann, weil Japan bis jetzt noch nicht an so vielen Punkten der Erde mit seinen Interessen engagiert ist, wie England. Meine Herren, es ist anzunehmen, daß Japan sich in gleich kurzer Zeit auch zu einem Industriestaate entwickeln wird und dann zunächst, begünstigt durch die Rassenverwandtschaft, als ein höchst gefährlicher Konkurrent im Osten, später aber auch als solcher auf dem ganzen Weltmarkt auftreten wird.

Mit dieser aufstrebenden Nation hat England ein für sich selbst ungemein vorteilhaftes Schutz- und Trutzbündnis geschlossen. England hat es auch verstanden, in neuester Zeit zwischen ihm und Frankreich, die sich Jahrhunderte als Erbfeinde gegenüberstanden, ein ungemein freundliches Verhältnis herzustellen, das man fast als einen Freundschaftsbund bezeichnen könnte. Die Vereinigten Staaten, dieses mächtig aufstrebende Gemeinwesen, das infolge seiner großen Ausdehnung und der Verschiedenartigkeit der Verhältnisse nach jeder Richtung sich selbst wirtschaftlich zu genügen imstande ist, dieses mächtige Staatswesen hält sich vollständig neutral, freundlich allen gegenüber; aber es verfolgt das Ziel mit äußerster Energie und mit Aufbietung seiner großen gewaltigen Mittel, sich eine mächtige Flotte zu bilden in Hinsicht auf Ereignisse, die eintreten können.

Meine Herren, ich will es Ihnen überlassen, die Schlußfolgerungen aus dieser Weltlage zu ziehen. Ich will es Ihnen auch überlassen zu beurteilen, was darauf zu geben ist, daß unverkennbar in einem Teil der englischen Presse und Bevölkerung eine nicht gerade freundliche Stimmung unserem Vaterlande, unserem Volke gegenüber besteht. Die Ursache ist leicht erkennbar. Die unfreundliche Stimmung ist entstanden und hat sich verstärkt, je mehr England auf allen seinen Wegen im Welthandel Deutschland als erfolgreichem Konkurrenten gegenüberzutreten hat.

Eine Folgerung aber, meine Herren, möchte ich mir selbst gestatten, hier zu ziehen. Ich glaube, die Verbündeten Regierungen und jeder Deutsche, der nicht zu der vaterlandslosen Rotte der Sozialdemokraten gehört, sollten sich das Vorgehen der Vereinigten Staaten zum Muster nehmen, sollten bestrebt sein, für die künftigen Ereignisse nicht nur unser Landheer auch ferner auf dem hohen Stand zu erhalten, den es einnimmt, sondern auch bestrebt sein, dahin zu wirken, daß unsere Streitkräfte zur See sich weiter und weiter entwickeln und allmählich doch einen für unsere Verhältnisse entsprechenden befriedigenden Stand erreichen.

Meine Herren, das scheinen nun auch die Verbündeten Regierungen erkannt zu haben, das beweist die neue Flottenvorlage, in deren Prüfung ich mir erlauben werde, jetzt einzutreten.

Diese Flottenvorlage besteht aus zwei Teilen, einer Novelle zum Gesetz von 1900 und einer Denkschrift zum Marineetat des Jahres 1906. Ich will gleich bemerken, daß diese Denkschrift den größeren und bedeutenderen Teil der Vorlage enthält. Im Jahre 1900 waren, wie ich schon bemerkte, die von der Regierung geforderten Auslandsschiffe, sechs große und sieben kleine Kreuzer, abgelehnt worden. Jetzt fordert die Regierung wieder die sechs großen Kreuzer. Die sieben kleinen hat sie fallen lassen in Erwägung des Umstandes, daß fernerhin nur seetüchtige Torpedoboote gebaut werden, die unter Umständen die Aufgabe der kleinen Kreuzer übernehmen können. Sie verlangt daher an Stelle der sieben kleinen Kreuzer, daß die durch das Gesetz von 1900 bewilligten 16 Torpedobootsdivisionen nunmehr auf 24 gebracht werden sollen. Die Regierung verlangt somit acht Torpedobootsdivisionen mehr.

Das Deplacement der großen Kreuzer soll auf 15000 t erhöht werden. Dementsprechend ist auch der Kostenaufwand ein größerer. Während früher für den Kreuzer 19 Millionen in Anspruch genommen wurden, soll er jetzt $27\frac{1}{2}$ Millionen kosten. Der Gesamtaufwand für diese sechs Kreuzer würde 165 Millionen betragen. Die Herstellungszeit derselben ist vom Jahre 1906 bis zum Jahre 1915 vorgesehen.

Die Hauptsache bringt, wie ich mir bereits erlaubt habe hervorzuheben, die Denkschrift zu dem Etat. Sie bringt die Vorschriften über die Vergrößerung des Deplacements der bereits bewilligten Linienschiffe, der großen Kreuzer und der Torpedoboote, die Vorschriften über die vermehrte Indienststellung unserer Schiffe und die gesteigerte Besatzung, weiter die notwendige Bewilligung zur fortgesetzten Vornahme von Versuchen mit Unterseebooten.

Meine Herren, aus dem letzten großen Kriege, in dem zum ersten Mal in der neueren Geschichte große Streitkräfte zur See miteinander zu ringen hatten, glauben unsere Fachmänner in erster Reihe die Lehre ziehen zu sollen von dem großen Uebergewicht an Schiffen mit einer zahlreichen starken, weittragenden Artillerie. Um diese Bewaffnung tragen zu können, reicht das Deplacement der jetzigen Schlachtschiffe nicht aus. Es ist daher in Aussicht genommen, das Deplacement auf 18000 t zu erhöhen. England baut seine neuesten Linienschiffe in den Dimensionen von 19000 t. Dementsprechend wachsen auch die Kosten. Während früher für das Linienschiff 24 und nicht ganz voll eine halbe Million ausgegeben werden sollten, erfordert jetzt die Herstellung eines modernen Schlachtschiffes die Summe von $36^1/_2$ Millionen. Auch die Torpedoboote sollen in etwas vergrößerten Dimensionen gebaut werden, so daß der Mehrbetrag für eine Torpedobootsdivision auf 1,66 Millionen angegeben ist. Für die ganze Division sollen in Zukunft 8,87 Millionen verausgabt werden.

Die durch die beiden Teile der Vorlage, die Novelle wie die Denkschrift, erforderlich werdenden Kosten berechnen sich wie folgt. Nach dem Gesetz von 1900 sollten die Schiffe, die damals bewilligt waren, bis zum Jahre 1917 hergestellt werden. Das waren 18 Linienschiffe, 24 kleine Kreuzer und 16 Torpedobootsdivisionen. Dazu kommen nun die 6 großen neuen Kreuzer und 8 Torpedobootsdivisionen. Unter Hinzurechnung der Kosten der Vergrößerung der bewilligten Schiffe würde diese ganze Herstellung den Betrag von 1 578 Millionen Mark, also 1 Milliarde 578 Millionen erfordern. Meine Herren, zieht man das, was durch das Gesetz von 1900 bereits bewilligt worden ist, ab, so ergibt sich ein neuer Bedarf von 550 Millionen. Dazu kommen die Kosten für die Versuche mit Unterseebooten mit 5 Millionen jährlich. Es kommen dazu allgemeine Unkosten von 4 Millionen jährlich, ferner die Kosten für die nach Maßgabe der größeren Dimensionen der Schiffe erforderliche stärkere Besatzung, die allmählich auf 13 000 Mann mehr heraufgebracht werden soll. Diese Positionen betragen rund 90 Millionen. Es würde also der ganze Aufwand, der entstehen würde, wenn diese Vorlage angenommen wird, rund 740 Millionen betragen.

Nach dem Flottengesetz von 1900 sollten unsere Seestreitkräfte zur See bestehen, abgesehen von den Torpedobootsdivisionen, aus einer Schlachtflotte, einer Auslandsflotte und der Materialreserve. Die Schlachtflotte sollte bestehen aus 2 Flaggschiffen, 32 Linienschiffen, 8 großen und 24 kleinen Kreuzern. Die Auslandsflotte sollte bestehen aus 3 großen und 10 kleinen Kreuzern, die Materialreserve aus 4 Linienschiffen, 3 großen und 4 kleinen Kreuzern.

Demgemäß bringt die jetzige Vorlage nur eine tatsächliche Vermehrung unserer Kriegsschiffe um 6 große Kreuzer, abgesehen von der Verstärkung der damals schon bewilligten Linienschiffe. Diese Vermehrung der Flotte würde das Verhältnis zwischen England und Deutschland ungefähr so herstellen, wie 4 England zu 1 Deutschland.

Meine Herren, mit dieser geringen Zahl, die wir England gegenüber aufzuweisen haben, ist aber die Darstellung der Schwäche unserer eigenen Seemacht noch lange nicht erschöpft. Die Schwäche besteht in der Minderwertigkeit unseres Materials. Durch das Flottengesetz von 1900 Anlage A sind 16 alte Linienschiffe in den Sollbestand der neuen Flotte aufgenommen worden. Zu diesen Schiffen gehört erstens die „Oldenburg" mit einem Deplacement von nur 5223 t, 4 Schiffe der Sachsen-Klasse mit einem Deplacement von 7368 t, 5 Schiffe der Brandenburg-Klasse mit einem Deplacement von 10 062 t, 5 weitere Kriegsschiffe mit einem Deplacement von 11 251 t. Erst die allerneuesten Schiffe haben das damals gesetzlich vorgeschriebene Deplacement von etwas über 13 000, von 13 200 t erreicht.

Hierin, meine Herren, in der Uebernahme dieser alten Schiffe liegt eine der größten Schwächen unserer Seemacht. Die „Kölnische Volkszeitung" vom 4. November d. J. — das Hauptorgan des Zentrums, dem eine große Flottenfreundlichkeit nicht nachgerühmt werden kann — sagt in Bezug auf diese minderwertigen Schiffe, es wäre ein Verbrechen, unsere Matrosen auf minderwertige Schiffe zu setzen, die verloren sind, ehe sie den ersten Schuß abgefeuert haben. Schafft man einmal eine Flotte und baut man neue Schiffe, so müssen sie auch allen Fortschritten der Technik entsprechen. Ich meine selbst, es würde eine Schmach für die deutsche Nation sein, wenn sie ihre Söhne auf solch minderwertigem Material dem Feinde entgegenführen und damit dem sicheren Verderben preisgeben würde. (Zustimmung.)

Meine Herren, anders ist England vorgegangen, es hat vor zwei Jahren eine Reorganisation seiner Flotte vorgenommen und 167 Schiffe rundweg abgestrichen als minderwertig und nicht mehr geeignet, der Seemacht dieses großen Staates anzugehören.

Meine Herren, seit dem französischen Kriege ist unsere Bewaffnung der Infanterie und Artillerie mehrfach geändert worden, und zwar in der ausgesprochenen Absicht, unsere Soldaten nicht in die gefährliche Lage zu versetzen, einem besser bewaffneten Feinde gegenübertreten zu müssen. Man hat nicht gewartet, bis die alten Gewehre und Kanonen verschlissen waren, sondern man hat sie verworfen und neue eingeführt. In der Marine soll ein anderer Weg beschritten werden. Da sollen die alten minderwertigen Waffen —

denn das Kriegsschiff ist ja eine vielleicht im höchsten Maße komplizierte Waffe — weitergeführt werden, obgleich sie minderwertig sind, bis zu ihrem von dem Gesetz auf 25 Jahre bemessenen Lebensende. Uebrigens bemerke ich, daß diese neue Flottenvorlage das Lebensalter der Linienschiffe um fünf Jahre verkürzt hat. Meine Herren, die Fortdauer dieses Zustandes könnte sich meines Erachtens im Ernstfalle außerordentlich schwer rächen.

Nun besteht wohl Einstimmigkeit darüber, daß Deutschland eine Flotte von der Macht und dem Umfang der englischen Flotte nicht schaffen und nicht halten kann und wohl auch nicht schaffen und halten wird. Das erscheint aber auch nicht notwendig, denn wohl kein Staat und auch nicht Deutschland wird je in die Lage kommen, der ganzen englischen Flotte gegenübertreten zu müssen. Ich habe mir schon erlaubt, darauf hinzuweisen, daß die vitalsten Interessen Englands sich über das ganze Erdenrund verbreiten; namentlich in Kriegszeiten wird ein sehr großer und bedeutender Teil der englischen Flotte zum Schutze der über den ganzen Erdball in den weitesten Entfernungen verstreuten Interessen festgelegt werden. Um so mehr aber sollte Deutschland danach trachten, seine geringere Streitmacht in höchster Vollkommenheit auszugestalten, daß sie in der Lage ist, zum wenigsten kleineren Abteilungen gegenüber oder im Einzelkampf mit Siegeszuversicht vorgehen zu können. Das ist es, was Deutschland wohl zu erwarten und zu verlangen berechtigt ist.

Nun noch ein anderes, meine Herren. Der Bau dieser bisher bewilligten und jetzt zur Bewilligung beantragten Schiffe soll fürsorglich verteilt werden bis auf das Jahr 1917. Die letzten Kreuzer sollen im Jahre 1916, die letzten beiden Linienschiffe und kleinen Kreuzer im Jahr 1917 aufgelegt und 1920 beendet werden.

Meine Herren, ob die Ereignisse, die kommen können und deren Eintritt selbst unser Herr und Kaiser in seiner letzten Thronrede doch immerhin als möglich hingestellt hat, so lange warten werden, bis Deutschland seine Flotte fertiggestellt hat, ist eine Frage, die niemand beantworten kann. Aber die Aufstellung dieser Frage sollte meines Erachtens genügen, um Regierung und Volk zu veranlassen, die ganze Kraft und Energie aufzubieten, um in dieser Beziehung schneller vorwärts zu kommen. Ich glaube ausreichend informiert zu sein, wenn ich sage, daß diese Herstellung schneller erfolgen könnte. Ich unterwerfe mich gern der Berichtigung, wenn ich behaupte, daß unsere Schiffswerften in der Lage sind, in der Zeit bis zum Jahre 1917 das Doppelte von dem zu leisten, was ihnen durch die vorhandenen und durch die neuen Flottengesetze zugemutet werden könnte, und ich glaube auch behaupten zu dürfen, daß unsere Panzerplattenwerke, die bisher noch niemals voll beschäftigt gewesen sind, das Doppelte von dem würden leisten können, was sie jetzt zu leisten verpflichtet werden, und dasselbe kann von unserer ganzen Eisen- und Stahlindustrie gesagt werden, die das Schiffsmaterial sicher leisten wird. Was die Bewaffnung betrifft, so hat die Firma Krupp noch immer getan, was von ihr verlangt wurde, meine Herren.

Ich erinnere Sie an die erste Neubewaffnung unserer Artillerie; die war fertig, als der erste Antrag auf Bewilligung der betreffenden Gelder im Reichstage gestellt wurde. Also, meine Herren, ist es auch möglich, daß eine schnellere Fertigstellung der neuen Schiffe erfolgen kann.

Bei Beurteilung der Flottenfrage handelt es sich in der Hauptsache um zwei Gesichtspunkte, einmal um die Interessen, die zu vertreten sind, zweitens um die Leistungsfähigkeit der Nation. Ich glaube in meinen einleitenden Bemerkungen genügendes angeführt, um bewiesen zu haben, daß große wichtige Interessen, vitale Interessen der Nation in Frage stehen. Ich bitte Sie nun, mir Ihre Aufmerksamkeit noch für einige Ausführungen mit Bezug auf die Leistungsfähigkeit der Nation zu schenken.

Meine Herren, den Hauptgegenstand der neuen Reichstagssession wird die Finanzreform bilden. Die Finanzen des Reiches sind tief zerrüttet. Im Reiche hat seit Jahren eine Unterbilanzwirtschaft und Schuldenmacherei sondergleichen stattgefunden. Die Unterbilanzen der letzten 5 Jahre betragen 81, 53⅓, 64, 56, 78 Millionen Mark. Der Fehlbetrag für 1906 wird auf 80 bis 90 Millionen geschätzt. Die Schulden des Reiches sind seit 1877 von 77,2 Millionen auf 3½ Milliarden Mark gestiegen. Meine Herren, wenn der Direktor einer Aktiengesellschaft so wirtschaften würde (Heiterkeit) — ich glaube, der Staatsanwalt würde sich seiner wenig liebevoll annehmen.

Meine Herren, unser großer Altreichskanzler wollte, daß das Reich die Einzelstaaten alimentiere. Er glaubte auf diesem Wege das Deutsche Reich fester kitten und zusammenfügen zu können. Das Gegenteil ist eingetreten. Das Reich ist Kostgänger der Einzelstaaten geworden zur schweren Bedrückung aller derjenigen Staaten, die wirtschaftlich weniger glücklich bedacht sind, und die jetzt durch die finanzielle Mißwirtschaft des Reiches auch dem Verfall ihrer eigenen Finanzen entgegengehen.

Meine Herren, die Schuld an diesem heillosen Zustand muß ich lediglich der Mehrheit des Reichstages zuschreiben. Es ist eine unabweisbare Folge des allgemeinen, geheimen und direkten Wahlrechts, daß von vielen Abgeordneten, deren Zahl leider so groß ist, daß sie seit langen Jahren die Mehrheit im Reichstag bilden, die sachlichen Erwägungen weit zurückgestellt werden hinter die Wahl- und Parteitaktik und hinter die Popularitätshascherei. (Sehr richtig!) Diese Popularitätshascherei bedingt, daß zwei Zusicherungen immer in erster Reihe gegeben wurden: keine neuen Steuern zu bewilligen und die größte Sparsamkeit zu üben. Wer das in den Wahlversammlungen sagte, war der Mann der Masse, war der Mann der Volkstribunen und Agitatoren, von deren Bestimmung ja leider das Wohl und Wehe des Deutschen Reiches schon seit Jahren in hohem Maße abhängt. So ist auch gewirtschaftet worden; es ist eine Sparsamkeit im Reiche geübt worden, die jede Privatwirtschaft unrettbar dem Untergang entgegengeführt haben würde. Wichtige Gesetze sind nicht verabschiedet worden, weil der Reichstag die Kosten nicht aufbringen wollte, die zur Durchführung dieser Gesetze gehörten.

Meine Herren, was die unzeitgemäße Sparsamkeit für Folgen hat, das zeigt sich meines Erachtens in Ost- und Südwestafrika, wo das Blut unserer Söhne den Boden färbt und wo bereits bald eine halbe Milliarde an Gut verloren sein wird. Meine Herren, welche Stellung würde die Regierung heute einnehmen, wenn sie den Mut gehabt hätte, das, was zum Schutze unserer Kolonien und zur Herstellung der nötigen Verkehrswege absolut notwendig war, vom Reichstage rechtzeitig zu fordern? (Sehr richtig!) Dann würde heute die Mehrheit des Reichstages allein als Schuldiger für diese Opfer an Gut und Blut verantwortlich sein, während jetzt ein großer Teil der Verantwortung auf die Regierung gewälzt ist. Das ist die Folge einer unzeitigen Sparsamkeit.

Meine Herren, wenn nichts half, dann griff der Reichstag zu dem fast kindischen Mittel, willkürlich bei der Etatsfestsetzung einzelne Einnahmeposten in die Höhe zu setzen und dadurch die Bilanz scheinbar herzustellen. Wenn dann am Schlusse des Jahres die Einnahmen ausgeblieben waren, die sich nicht durch einen Beschluß des Reichstages herbeizaubern lassen, dann mußte natürlich zum Schuldenmachen gegriffen werden, das uns soweit geführt hat.

Meine Herren, in den achtziger und neunziger Jahren haben die Verbündeten Regierungen Versuche gemacht, durch die Einführung neuer Steuern dem Verfall der Reichsfinanzen entgegenzuwirken. Diese Versuche scheiterten. Jetzt, da dieser Fall eingetreten ist und da eine planmäßige Schuldentilgung unbedingt notwendig ist, wenn wir nicht als Bankrotteure weiterwirtschaften wollen — eine Wirtschaft, die in ernster Zeit den Bestand des Deutschen Reiches unweigerlich gefährden würde — jetzt entschließt sich die Regierung, wieder neue Steuern vom Reichstage in dem Betrage von 250 Millionen zu fordern. Meine Herren, die Regierung nimmt an, daß sie aus den Erträgnissen des neuen Zolltarifs, der am 1. März k. J. zur Einführung gelangt, nur etwa 25 Millionen zu erwarten haben wird, da nach einem wunderlichen Beschlusse zwei Drittel dieser Einnahmen für die künftige Versorgung der Witwen und Waisen der Arbeiter weggenommen werden. Meine Herren, ich bezeichne diesen Beschluß — ich finde augenblicklich keinen anderen Ausdruck — als einen wunderlichen, denn wunderlich ist es in der Tat, meine Herren, wenn man dauernde gewaltige, große Ausgaben stützen will auf Einnahmen, die nach der Ueberzeugung derer, die den neuen Zolltarif hauptsächlich gefordert und angenommen haben, vergehen müssen; denn, meine Herren, der größte Teil der Einnahmen aus den Zöllen kommt aus den landwirtschaftlichen, aus den Lebensmittelzöllen für Getreide, für Fleisch und dergleichen, und die Agrarier haben stets die bestimmte Versicherung abgegeben, und auf diese Versicherung hin ist die Beschlußfassung im Reichstag erfolgt, daß in verhältnismäßig kurzer Zeit die Landwirtschaft in der Lage sein wird, das Bedürfnis der Nation an Getreide und Fleisch selbst zu decken. Dann brauchen wir nichts mehr einzuführen, dann fällt der größte Teil der Einnahmen aus den Zöllen weg. Wo bleibt dann die Witwen- und Waisenversorgung? Dann wird man nach anderen Schultern suchen, denen man die Kosten aufladen kann, und diese Schultern werden in jedem Falle die Industriellen sein müssen, während, wenn auf dem gewöhnlichen Wege der Gesetzgebung diese von mir durchaus gebilligte Versorgung der Witwen und Waisen eingeführt wird, doch für die Industrie die Hoffnung vorhanden wäre, eine gerechtere Verteilung dieser Lasten herbeizuführen. Deswegen nannte ich jenen Beschluß einen durchaus wunderlichen. Dem Zentrum freilich war ein solcher Beschluß notwendig, um die Belastung der Massen, soweit sie Nahrungsmittel betraf, seinen Wählern schmackhaft zu machen.

Meine Herren, zu den Glaubenssätzen dieser Wahltaktik und Popularitätshascherei gehört auch der Grundsatz, daß Verbrauchsartikel der Massen mit Steuern nicht belastet werden sollen, die Steuern sollen nur von den starken Schultern getragen werden. Nun, meine Herren, wenn dieser Grundsatz durchgeführt werden sollte, dann würden die Verbündeten Regierungen und jedes Staatswesen, das in die gleiche Lage versetzt würde, wohl dazu übergehen müssen, einen großen Teil des Einkommens und des Vermögens dieser sogenannten starken Schultern auf dem Wege der Steuergesetzgebung zu konfiszieren. Denn, meine Herren, diese Klasse der starken Schultern ist nicht nur in Deutschland, sie ist selbst in dem als sehr reich bekannten England im Verhältnis zu der ganzen Bevölkerung sehr gering.

Meine Herren, wir wollen die preußische Einkommensteuer hier als Beispiel nehmen, und ich glaube wohl, daß die Verhältnisse in dieser Beziehung in ganz Deutschland ziemlich ähnlich denen des preußischen Staates sein werden. Wenn wir diejenigen, die ein Einkommen von 3000 Mark haben, mit zu den starken Schultern rechnen wollen — ob das ganz richtig ist, stelle ich dahin —, so betragen diejenigen, die 3000 Mark und mehr Einkommen haben, nur 7,4 pCt. aller Zensiten in Preußen für die Einkommensteuer, 92,6 pCt. haben weniger als 3000 Mark Einkommen. Also es ist richtig, wenn ich sage, diese Klasse der starken Schultern ist außerordentlich klein.

Gehen wir weiter zurück, meine Herren, so werden Sie sehen, daß die Verhältnisse nicht so glänzend liegen. Diejenigen, die ein Einkommen von 900 bis 3000 Mark haben, nehmen nur einen Prozentsatz von 39 in Anspruch, alle übrigen 53 pCt. haben weniger als 900 Mark. Uebrigens lehren auch die Erfahrungen, die auf dem Gebiete der Steuergesetzgebung in allen Ländern gemacht worden sind, in den modernen Kulturstaaten, daß, wenn es sich darum handelt, zur Deckung der Bedürfnisse größere Summen auf dem Wege der Besteuerung zu gewinnen, solche nicht zu erlangen sind, ohne daß die Massen in Kontribution gesetzt werden.

Nun sagt die Regierung bei ihrer neuen Vorlage, sie will die Leistungsfähigkeit der verschiedenen Bevölkerungsklassen tunlichst berücksichtigen, in jedem Falle aber die Belastung notwendiger Lebensbedürfnisse vermeiden. Da sie aber ebenso gut das weiß, was ich eben vorgetragen habe, daß ohne Inanspruchnahme der Massen größere Beträge nicht zu erreichen sind, so will sie auch Verbrauchsartikel im Massenverkehr besteuern, aber nur solche, die als Genußmittel anzusprechen sind. Als solche greift sie Bier und Tabak heraus. Die erhöhte Biersteuer soll 60 Millionen, die Steuer auf Tabak und Zigaretten, letztere in Form der Verstempelung des Zigarettenpapiers, soll 43 Millionen Mark bringen. Meine Herren, die in den einzelnen Staaten bestehende Erbschaftssteuer soll auf das Reich übertragen werden, Abkömmlinge in direkter Linie und Ehegatten sollen ebenso wie Beträge bis 300 Mark von der Erbschaftssteuer befreit sein; die übrigen Erbschaften sollen je nach dem Grade der Verwandtschaft mit 4 bis 20 pCt. herangezogen werden. Diese Besteuerung soll 72 Millionen aufbringen. Aber da den Einzelstaaten eine Entschädigung gewährt werden muß für die Aufgabe ihrer bisher als direkte Besteuerung betrachteten Erbschaftssteuer, würden für das Reich nur 48 Millionen abfallen. Dann ist noch eine Besteuerung für Kraftfahrzeuge vorgesehen, die 3 1/2 Millionen bringen soll, und die Quittungssteuer mit 16 Millionen Mark.

Meine Herren, bis dahin würde ich von meinem Standpunkt gegen diese Steuern nur Eins einzuwenden haben, und zwar, daß nicht die Genußmittel, Tabak und Bier, höher besteuert sind; denn es ist noch ein Fehlbetrag vorhanden, der durch Steuern gedeckt werden soll, die ich doch als bedenklich bezeichnen möchte.

Meine Herren, daß die Besteuerung dieser mehrerwähnten Genußmittel, Bier und Tabak, bisher in Deutschland eine geringe gewesen ist, möchte ich mir erlauben, Ihnen an einigen Zahlen zu beweisen. Die Biersteuer trifft die deutsche Bevölkerung außerordentlich verschieden, je nachdem der Genuß von Bier in den einzelnen Gegenden stärker oder geringer ist, aber auch verschieden nach den geltenden Steuergesetzen, denn im Gebiet der Norddeutschen Brausteuergemeinschaft ist die Besteuerung eine viel geringere, als in den süddeutschen Staaten, namentlich in Bayern, wo die Steuer einen ziemlich hohen Betrag ausmacht. Aber im Durchschnitt beträgt die jetzige Biersteuer auf den Kopf der Bevölkerung nur 1,50 M. Die Steuer soll um 60 Millionen erhöht werden, und da die amtlich fortgeschriebene Bevölkerung im Deutschen Reich jetzt über 60 Millionen beträgt, so würde das einen weiteren Betrag von 1 M. für den Kopf der Bevölkerung ergeben; die Biersteuer würde also im ganzen 2,50 M. betragen. Das ist in meinen Augen nicht viel im Verhältnis zu anderen Staaten. Ich bin nicht in der Lage gewesen, mir über dieses Verhältnis in den anderen Staaten in der kurzen Zeit die nötigen Nachweise zu verschaffen. Wie wenig skrupulös aber andere Nationen mit der Besteuerung solcher Genußmittel sind, das möchte ich mir erlauben, Ihnen an der Tabaksteuer darzulegen, hinsichtlich der es mir gelungen ist, die betreffenden Zahlen auch von den anderen Staaten zu erlangen. Die Tabaksteuer in Deutschland hat im Jahre 1904 70 059 603 M. eingebracht, das macht auf den Kopf der Bevölkerung 1,17 M., und, meine Herren, wenn wir den 10jährigen Durchschnitt nehmen, so ist es genau derselbe Betrag: im zehnjährigen Durchschnitt sind an Tabaksteuer von dem Kopf der Bevölkerung 1,17 M. aufgebracht worden. Die neue Tabaksteuer soll 43 Millionen Mark für Zigaretten und für Tabak, einschließlich Zoll, aufbringen. Da die fortgeschriebene Bevölkerung, wie ich gesagt habe, 60 398 000 beträgt, so würde die neue Steuer den Kopf der Bevölkerung mit 71 Pfennigen belasten. Wir würden also, wenn die neue Steuer in Wirksamkeit tritt, auf den Kopf der Bevölkerung eine Tabaksteuer von 1,88 M. zu bezahlen haben.

Meine Herren, England hat zunächst den Tabakbau im eigenen Lande gänzlich verboten. In England hat der sogenannte kleine Mann daher nicht den Vorteil, seinen Tabak vielleicht in seinem kleinen Gärtchen bauen zu können, wie bei uns, wo er dann wenigstens den Zoll erspart. Das fällt in England weg. In England gibt es nur den Tabakzoll, und der hat im Jahre 1903 gebracht 249 029 460 M. Das macht auf den Kopf der englischen Bevölkerung 5,93 M. In Oesterreich besteht das Tabakmonopol. Im Jahre 1902 hat dasselbe erbracht 268¾ Millionen, das macht pro Kopf der österreichischen Bevölkerung 5,92 M. In Frankreich besteht gleichfalls das Monopol. Die Tabaksteuer hat im Jahre 1904 dort aufgebracht 346 379 360 M., das macht auf den Kopf der Bevölkerung den Betrag von 8,89 M. Nun ist bekanntlich Frankreich eine Republik, und seit langen Jahren sitzen die radikalen Parteien am Ruder, Sozialdemokraten haben auf der Ministerbank gesessen, aber keinem ist es eingefallen, auch nur einen Finger zu rühren, um an dieser Steuer zu rütteln, und wohl mit Recht. Denn sie haben wohl die Beobachtung gemacht, die jeder Reisende machen kann, daß sowohl in England, wie besonders in Frankreich die sogenannte Pfeife des armen Mannes mit einer recht bemerkenswerten Kontinuität und munter brennt. (Heiterkeit.)

Also, meine Herren, ich bin nun, wie gesagt, mit der geringen Belastung des Tabaks und Bieres — denn gering muß ich sie nennen im Verhältnis zu den Zahlen, die ich mir erlaubt habe, Ihnen eben vorzuführen — deswegen nicht einverstanden, weil in der Tat eine weitere Steuer erforderlich ist, die ich für bedenklich ansehe, nämlich eine Verstempelung der Frachturkunden. Die Regierung beruft sich auf den blühenden Zustand der Gewerbe, der eingetreten ist infolge des ihnen gewährten Schutzes. Eine Gegenleistung bestehe im Geld- und Effektenverkehr, der dem Reichsstempelgesetz unterworfen ist, und beim Schiffsfrachtenverkehr, für welchen, auf Anregung aus dem Reichstage, im Jahre 1900 eine solche Stempelsteuer bereits eingeführt ist. Die Regierung sagt weiter: der schweren Belastung des Immobiliarverkehrs gegenüber genieße der Güterverkehr eine unberechtigte Steuerfreiheit, und daher sei es ganz angebracht, diese Frachturkundensteuer einzuführen, die beiläufig einen Betrag von 41 Millionen aufbringen soll. Meine Herren, diese Behauptung der Regierung ist nicht ganz zutreffend. Denn abgesehen von dem Umstande, daß für Kauf- und Anschaffungsgeschäfte für Mengen von

Waren unter gewissen Voraussetzungen eine Reichsstempelsteuer von 0,4 pro Mille vorgesehen ist, ist unser Güterverkehr, nach meinem Erachten, dadurch einer schweren Steuer bisher schon unterworfen gewesen, daß durch die hohen Eisenbahnfrachten sehr hohe Ueberschüsse, namentlich in der preußisch-hessischen Eisenbahngemeinschaft, erzielt worden sind, die vom Staate, wie die Erträge jeder anderen Steuer, zur Bestreitung allgemeiner Bedürfnisse des Staates verwendet werden. Meine Herren, diese hohen Gütertarife, aus denen die Ueberschüsse erzielt werden, wirken meinem Erachten nach und haben lange gewirkt auf den Güterverkehr wie eine Verkehrssteuer. Also die Behauptung, daß der Güterverkehr vollständig frei sich bewegt habe, kann ich nicht gelten lassen.

Meine Herren, außer dieser Besteuerung der Frachturkunden soll auch eine Besteuerung der Personenfahrkarten im Eisenbahn- und Dampferverkehr eintreten in der Abstufung von 40 bis zu 5 Pf. Fahrkarten bis zum Betrage von 2 M. sollen frei bleiben. Diese Steuer soll weitere 12 Millionen aufbringen.

Nun, meine Herren, ist es eine Erfahrung, die man bei allen Steuergesetzen machen kann, daß diejenigen, die zunächst — ich will nicht sagen, am schwersten — von der betreffenden Steuer getroffen werden, den größten Widerstand erheben. Gegen die Biersteuer protestieren die Brauer und die Schankwirte, gegen die Tabaksteuer protestieren die Fabrikanten und die Verschleißer, die unzähligen Männer, die in der großen Stadt jedes dritte Haus besetzen, — in den Vorstädten kann man sie sehen, wie sie bei schönem Wetter fast den ganzen Tag über in ihren Filzschuhen auf der Schwelle stehen und wahrscheinlich ebensoviel Zigarren verrauchen, wie sie den Tag über verkaufen. (Heiterkeit.) Das sind die Opponenten gegen die neue Steuer. In großen Versammlungen wird Protest erhoben und der Kampf bis aufs Messer geführt.

Meine Herren, die Industrie würde alle Ursache haben, sich auch gegen den Frachturkundenstempel zu erheben und gleichfalls zu protestieren. Genügender Grund dazu wäre vorhanden. Aber, meine Herren, ich würde ein solches Vorgehen für engherzig und für unpatriotisch erklären. (Geheimer Finanzrat Jencke-Dresden: Sehr richtig!) Das Reich ist in einer Notlage, das Reich braucht Geld, und jeder Bürger ist verpflichtet, in solcher Notlage diejenigen Lasten auf sich zu nehmen, diejenigen Opfer zu bringen, die erforderlich sind im allgemeinen Interesse. Daher glaube ich nicht, daß einer von Ihnen, meine Herren, darauf dringen wird, daß die Industrie jetzt gegen diese Steuer Einspruch erheben soll, und für den Centralverband würde sich das um so weniger schicken, da, wie ich Ihnen gezeigt habe, wir schon immer für die Vermehrung unserer Streitkräfte zur See eingetreten sind und da die jetzige Flottenvorlage in innigem Zusammenhange steht mit der Annahme dieser Finanzreform, da sonst die Mittel zur Durchführung dieser Vorlage nicht vorhanden sein würden.

Meine Herren, ich vertrete nun die Ansicht, daß nicht nur das, was jetzt gefordert wird, sondern noch viel mehr ausgegeben werden müßte, um uns genügende Streitkräfte zur See zu verschaffen. Die Zeiten sind in der Tat ernst, meine Herren; das hat unser Herr und Kaiser in der Thronrede ausgesprochen. Seine Versicherung, daß es ihm eine heilige Sache sei um den Frieden des deutschen Volkes, wird in unser aller Herzen den lebhaftesten Widerhall gefunden haben. Das deutsche Volk ist friedfertig, so lange es irgend mit seiner Ehre zu vereinigen ist; das deutsche Volk will niemand angreifen, der es in seinen Interessen ungeschädigt läßt. Also sind die Vorurteile, die in England gegen das deutsche Volk bestehen, in dieser Hinsicht vollständig unberechtigt. Das Volk kann sich ganz dem Ausspruch seines Kaisers und Herrn an die Seite stellen und fügen. Aber, meine Herren, der Kaiser sagte weiter: Die Zeichen der Zeit machen es den Staaten zur Pflicht, ihre Schutzwehr gegen ungerechte Angriffe zu verstärken. Auch diese Worte sollten jeden Deutschen mächtig erfassen, meine Herren, denn die Zeiten sind wirklich ernst, und die Pflicht mahnt uns, in dieser Beziehung zu tun, was irgend zu tun ist, die Tat nicht hinauszuschieben und für die Vermehrung unserer Flotte einzutreten. Freilich, meine Herren, die Parteitaktiker und die Popularitätshascher sind sofort, wenn neue Steuern kommen und wenn wieder von der Flotte die Rede ist, dabei, zu behaupten, Deutschland sei zu arm, sich dergleichen zu gestatten, namentlich seien die unteren Klassen nicht in der Lage, derartige Lasten zu tragen. Nun, meine Herren, eine Nation, die jährlich $3^1/_4$ Milliarden für alkoholische Getränke ausgibt — ich habe die spezielle Berechnung hier; wer sich dafür interessiert, den bitte ich, sie sich anzusehen —, eine Nation, die in einem Jahre soviel vertrinkt, daß ein Viertel dieses Betrages ausreichen würde, die Flottenvorlage zu decken, meine Herren, eine solche Nation ist nicht zu arm, um sich eine gute, kräftige Flotte zu gewähren. (Sehr richtig!) Was die Arbeiter betrifft — meine Herren, wenn die Arbeiter heute imstande sind, freiwillig an ihre Organisation 1 M. pro Woche zu bezahlen und mehr — die Notenstecher haben 111 M. im vorigen Jahre bezahlt — wenn sie imstande sind, in ihre Organisationen im Vorjahre über 20 Millionen Mark einzuzahlen, so, glaube ich, wird es ihnen ein

Leichtes sein, den unendlich viel kleineren Betrag zu missen, der notwendig ist, um die deutsche Flotte zu bauen, die doch auch im wesentlichen Interesse der Arbeiter gebaut werden muß. (Beifall.)

Meine Herren, ich habe die großen Interessen nachgewiesen, die durch unsere Streitkräfte zur See zu decken sind, ich habe nachgewiesen, glaube ich, daß die deutsche Nation in der Lage ist, die Kosten zu tragen, ohne die Massen und die Armen zu sehr zu bedrücken. Ich habe auch meinem lebhaften Bedauern darüber Ausdruck gegeben, daß unsere Flotte nicht genügend schnell ausgebaut wird, und ich habe dem Wunsche Ausdruck gegeben, daß mit größter Energie daran gegangen werden möchte, das nachzuholen, was in der Vorlage versäumt ist. Aber, meine Herren, deswegen möchte ich Ihnen doch nicht anempfehlen, einen Beschluß zu fassen, der die Regierung oder den Reichstag drängt, über die Vorlage hinauszugehen.

Meine Herren, die Regierung, von der angenommen wurde, daß sie mit dem Flottengesetz von 1898 das letzte Wort gesprochen habe, hat 1900 eine neue Vorlage eingebracht, und jetzt wieder, weil sie das bis dahin Geschehene für unzureichend erkannt hatte. Ich glaube, dieser Vorgang berechtigt uns, mit vollem Vertrauen die Sache in die Hände der Regierung zu legen und zu hoffen, daß sie in dem gegebenen Augenblick nach Maßgabe der allgemeinen Weltlage, nach Maßgabe der politischen Verhältnisse das fordern wird, was für die Flotte zu tun im Interesse des Deutschen Reiches erforderlich ist. In diesem Sinne, meine Herren, habe ich mir erlaubt, Ihnen einen Beschlußantrag vorzulegen, den das Direktorium genehmigt hat, und ich bitte Sie, ihn tunlichst einstimmig anzunehmen. (Lebhafter Beifall.)

Der Beschlußantrag lautet:

1. „Der Centralverband Deutscher Industrieller erkennt nach wie vor an, daß die in Deutschlands Außenhandel, in seiner Reederei und Schiffahrt und in den Geschäften der Deutschen im Auslande, besonders in den Ueberseeplätzen, zusammengefaßten bedeutenden Interessen des Schutzes durch eine, den Verhältnissen des Deutschen Reiches angepaßte starke Flotte bedürfen. Er begrüßt daher, wie er es in den Jahren 1898 und 1900 bei der gleichen Veranlassung getan hat, freudig die, durch die neue Flottenvorlage bekundete Absicht der Verbündeten Regierungen, eine weitere Vermehrung und Verstärkung der deutschen Streitkräfte zur See herbeizuführen.
2. Diese freudige Zustimmung spricht der Centralverband in der vollen Ueberzeugung aus, daß die deutsche Nation in allen

ihren Teilen die ihr durch die Schaffung und Unterhaltung einer starken Marine zufallende Last ohne Schädigung tragen kann.

3. Der Centralverband hält freilich den schnelleren Ersatz des den Anforderungen der Zeit nicht mehr entsprechenden Materials wie überhaupt die wesentlich schnellere Ausführung des Flottenbauplanes für dringend erwünscht.

4. In Erwägung jedoch des Umstandes, daß die Verbündeten Regierungen sich nicht mit dem Flottengesetz von 1898 begnügen, sondern 1900 und jetzt weitere Schritte zur Stärkung unserer Marine getan haben, hat der Centralverband das feste Vertrauen zu den Verbündeten Regierungen, daß sie im rechten Augenblick für die Stärkung unserer Seemacht tun werden, was nach Maßgabe der Weltlage und der politischen Verhältnisse zu tun notwendig ist.

5. Der Centralverband verzichtet demgemäß darauf, Anträge über die jetzige Vorlage hinaus zu stellen, er spricht aber die bestimmte Erwartung aus, daß die Vorlage im Reichstage unverkürzt zur Annahme gelangen werde."

Vorsitzender: Meine Herren, ich eröffne die Diskussion über das Referat und gleichzeitig damit über die Ihnen ja gedruckt vorliegende Resolution, deren Verlesung sich wohl erübrigt.

Geschäftsführer **Steller**-Köln: Meine Herren, in der Resolution ist meines Erachtens keine oder nicht genügende Rücksicht darauf genommen, daß die Verhältnisse in dem wirtschaftlichen Leben Deutschlands seit dem Jahre 1900 sich erheblich verändert haben. Der Außenhandel Deutschlands ist seit der Zeit ja ganz bedeutend gestiegen, und die Regierung hat im Jahre 1900 bereits die Vorlage eingebracht, die sie jetzt von neuem einbringt. Denn daß nach letzterer die Linienschiffe vergrößert werden sollen, das ist kein Ergebnis der wirtschaftlichen Verhältnisse Deutschlands, sondern das ist ein Ergebnis der Flottenverhältnisse des Auslandes. Die Ausländer bauen ihre Flotten eben um so viel stärker, die Artillerie ist sehr viel weittragender, und deshalb müssen unsere Linienschiffe, die im Bau begriffen sind, auch viel größer werden. Ich meine, dem Gesichtspunkt, daß der deutsche Außenhandel seit dem Jahre 1900, wo bereits die jetzigen großen Kreuzer verlangt wurden, sich sehr erheblich vermehrt hat, ist in der Resolution nicht entsprechend Ausdruck gegeben worden. Ich würde für meine Person überhaupt gewünscht haben, daß man eine Beschleunigung, also einen weitergehenden Ausbau der Flotte befürwortet hätte. Indessen, ich glaube, da das Direktorium den vorliegenden Antrag genehmigt hat, wird ja auf eine so weitgehende Aenderung desselben nicht zu rechnen sein. Aber ich meine, vielleicht können Sie in Nr. 3, wo es heißt: „wie überhaupt die wesentlich schnellere Ausführung des Flottenbauplanes für dringend erwünscht", hinzufügen: „namentlich im Hinblick auf die erhebliche Vermehrung des deutschen Außenhandels seit dem Jahre 1900"; und ebenso könnte man statt „erwünscht" sagen: „notwendig". Das würde etwas stärker die Meinung und das Interesse der Industrie an der Vermehrung und Verstärkung der Flotte zum Ausdruck bringen.

Vorsitzender: Ich darf wohl bitten, diesen Antrag mir schriftlich übergeben zu wollen.

Reichstagsabgeordneter Dr. **Beumer**=Düsseldorf: Meine Herren, ich möchte entgegen dem Herrn Vorredner Sie bitten, die Resolution so anzunehmen, wie sie uns vorgelegt worden ist. Es ist doch ganz unmöglich, alle Momente in einen Beschlußantrag hineinzubringen, und der glänzende Vortrag, den unser Freund Bueck hier gehalten hat, wird ja ebenfalls veröffentlicht und als Begründung der Resolution beigegeben werden. In diesem Vortrage ist doch ein großer Passus über die Entwickelung des deutschen Außenhandels enthalten, so daß eine Bezugnahme darauf in der Resolution nicht notwendig erscheint.

Was den Wunsch des Herrn Generalsekretär Steller auf einen beschleunigten weiteren Ausbau der Flotte anbetrifft, so hat Herr Generalsekretär Bueck schon die Gründe auseinandergesetzt, die dagegen sprechen. Ich möchte auch noch einen Grund hinzufügen, und zwar liegt dieser darin, daß wir die nötige Mannschaft für eine plötzlich vergrößerte Flotte tatsächlich nicht haben würden. (Geschäftsführer Bueck: Sehr richtig!) Ich wenigstens weiß nicht, woher die Mannschaften und die Offiziere kommen sollten, wenn der Ausbau in einem so beschleunigten Tempo geschehen sollte, wie es vielfach von anderen Kreisen der Nation gewünscht wird, und wie es wünschenswert wäre, wenn dieses Hindernis dem nicht entgegenstünde.

Im übrigen also bitte ich nochmals, dem Beschlußantrage, wie ihn das Direktorium uns vorgelegt hat, Ihre Zustimmung zu geben.

Geschäftsführer **Steller**=Köln: Ich darf darauf vielleicht nur kurz erwidern, daß die Ausführungen des verehrten Herrn Kollegen Bueck nicht in aller Leute Hände kommen und nicht von allen gelesen werden, wohl aber der Beschlußantrag, und ich meine, der von mir hervorgehobene Gesichtspunkt ist ein wesentlicher Umstand für die Stellung, die die Industrie einnehmen muß und auch nach den Ausführungen des Herrn Bueck einnehmen soll und will, und deshalb würde dieser kurze Satz meines Erachtens nichts an der ganzen Sache ändern und verderben, sondern er würde nur eine Erläuterung sein und eine richtige Erklärung des Standpunktes der Industrie, und ich möchte deshalb meinen Antrag aufrecht erhalten.

Vorsitzender: Ich darf nochmals bitten, mir denselben schriftlich übergeben zu wollen, sonst bin ich nicht in der Lage, darüber abstimmen zu können.

Eine weitere Wortmeldung findet nicht statt. — Nun, meine Herren, ich nehme an, daß Sie dem Antrage des Herrn Steller salva redactione gefolgt sind, und wir können deshalb ja wohl schon darüber abstimmen. Ich werde folgendermaßen darüber abstimmen lassen. Ich werde zunächst positiv abstimmen lassen, indem ich diejenigen bitte, die Hand zu erheben, die für den Fall der Annahme des Antrages Ihres Direktoriums den Zusatzantrag, den Herr Steller zufügen will, annehmen wollen. Wird derselbe nicht angenommen, so darf ich wohl ohne besondere Abstimmung konstatieren, daß der Vorschlag Ihres Direktoriums Ihre Zustimmung gefunden hat. Die Herren sind damit einverstanden. Ich bitte also diejenigen Herren, welche dem Antrage des Herrn Steller gerecht werden wollen, die Hand zu erheben. (Geschieht. — Es ist die Minderheit.) Der Antrag ist abgelehnt.

Dann darf ich wohl annehmen, daß die Resolution Ihres Direktoriums einstimmige Annahme gefunden hat. (Beifall.) — Ich konstatiere das, meine Herren.

Ich möchte Sie ersuchen, nun noch ein Telegramm an Seine Majestät absenden lassen zu wollen. Herr Regierungsrat Leidig hat die Güte, dasselbe zu verlesen.

Regierungsrat Dr. **Leidig**-Berlin (liest):

> Euer Kaiserliche Majestät bittet der Centralverband Deutscher Industrieller seinen ehrfurchtsvollen Dank für die unermüdliche Sorge um die dringend notwendige Stärkung der deutschen Seemacht entgegennehmen zu wollen.
>
> Der Ausschuß des Centralverbandes Deutscher Industrieller hält einmütig den schleunigen Ausbau und die Verstärkung der deutschen Flotte, nach den weitschauenden Intentionen Euer Majestät, für dringend erforderlich und die weiten Kreise der deutschen Industrie, die im Centralverband Deutscher Industrieller vereinigt sind, sind einmütig der Auffassung, daß die Uebernahme der zur Stärkung unserer Flotte notwendigen finanziellen Lasten eine patriotische Pflicht ist. Der Centralverband Deutscher Industrieller bittet Euer Majestät, dessen

gewiß zu sein, daß die deutsche Industrie Euer Majestät Ruf, zur Stärkung der deutschen Seemacht und damit des gesamten deutschen Wirtschaftslebens beizutragen, in freudiger Zuversicht und in unverbrüchlicher Treue zu Euer Majestät kräftigst zu unterstützen gewillt ist.

Auf dies Telegramm ist folgende Antwort eingegangen:

Seine Majestät der Kaiser und König haben von der patriotischen Kundgebung für die Stärkung der deutschen Seemacht durch weiteren Ausbau der Flotte mit Befriedigung Kenntnis genommen und lassen dem Centralverband Deutscher Industrieller bestens danken.

Vorsitzender: Meine Herren, wir kommen nun zu Punkt III der Tagesordnung:

Gesetzentwurf, betreffend den Versicherungsvertrag.

Regierungsrat Dr. **Leidig**-Berlin: Meine geehrten Herren! Die Zeit ist heute ungemein weit vorgerückt, mit Rücksicht darauf, daß ja noch andere Veranstaltungen in Aussicht genommen sind, ich glaube aber auch, daß ich das, was ich Ihnen mitzuteilen habe, recht kurz fassen kann, denn, meine geehrten Herren, wie Sie ja aus den ersten Worten bereits ersehen werden, biete ich kaum irgend etwas Neues.

Mit dem Gesetzentwurf über den Versicherungsvertrag beschäftigt der Centralverband Deutscher Industrieller sich heute nicht zum ersten Mal. In eingehenden Beratungen, die teils im engeren Kreise, teils mit Vertretern der Feuerversicherungs-Gesellschaften geführt worden sind, ist eine Reihe von Wünschen und kritischen Bemerkungen zu dem ersten Gesetzentwurf, dem sogenannten Vorentwurf, von den Organen des Centralverbandes geäußert worden. Demnächst hat am 17. Dezember 1903 eine Sitzung dieses Ausschusses stattgefunden. Ich hatte die Ehre, auch damals über diesen Gesetzentwurf zu referieren, und in eingehenden Erörterungen, an denen sich namentlich auch Herr Generalsekretär Stumpf, der ja heute leider nicht hier anwesend sein kann, beteiligt hat, ist damals über die einzelnen Bestimmungen des Gesetzentwurfes und über die Stellung der Industrie dazu gesprochen worden.

Als jetzt vor einem Jahre dem Bundesrate der nunmehr dem Reichstage vorgelegte Gesetzentwurf zur Beratung und Beschlußfassung unterbreitet wurde, hatte ich durch das liebenswürdige Entgegenkommen des Reichsjustizamts Gelegenheit, von diesem für die weitere Oeffentlichkeit zunächst nicht bestimmten Gesetzentwurf Kenntnis zu erhalten, und es war mir gleichzeitig die Möglichkeit gegeben worden, in der „Deutschen Industrie-Zeitung“ diesen Gesetzentwurf zu besprechen. Ich habe das in einer Reihe von Artikeln getan und damit die Unterschiede, die sich zwischen dem ersten, dem sogenannten Vorentwurf und diesem dem Bundesrat unterbreiteten Entwurf fanden, der Industrie ja zur Kenntnis gebracht.

Nunmehr hat der Bundesrat seine Beratungen über diesen Gesetzentwurf abgeschlossen, und vor wenigen Tagen ist er dem Reichstage vorgelegt worden. Die Beratungen im Bundesrate haben ungemein lange gedauert. Sie haben sich auf verhältnismäßig wenige Punkte bezogen, und das Endergebnis ist, daß der Gesetzentwurf, wie er in den Bundesrat hineingekommen ist, fast unverändert an den Reichstag gelangt ist. Es sind, abgesehen von einigen sprachlichen Veränderungen, von einigen besseren Fassungen, die zunächst nur die Fachjuristen interessieren, nur zwei oder drei sachliche Aenderungen vorgenommen worden. Keine dieser Aenderungen, die im Bundesrate vorgenommen sind, hat für die Industrie ein besonderes Interesse. Es hat sich da um Beziehungen zu anderen Lebenskreisen und zu anderen Interessentenkreisen gehandelt. Deshalb, meine geehrten Herren, glaube ich, mich heute kurz fassen zu dürfen.

Ehe ich nun aber auf einzelnes eingehe, möchte ich doch hervorheben, daß die Begründung des Gesetzentwurfes, wie er jetzt dem Reichstage vorgelegt worden ist, an den verschiedensten Stellen ergibt, wie sorgfältig und sorgsam die Beratungen, die hier im Centralverbande Deutscher Industrieller geführt worden sind, von den Redaktoren und den Verfassern des Gesetzentwurfes beachtet worden sind. Sie werden ja wissen, meine geehrten Herren, daß es nicht Sitte ist, in derartigen Begründungen Bezug zu nehmen auf die einzelnen Kreise, gegen die sich die Begründung richtet oder mit denen sie sich beschäftigt, und so finden Sie denn den Namen des Centralverbandes in dieser Begründung nicht; sachlich aber setzt sich die Begründung an den verschiedensten Stellen Schritt für Schritt mit den Ausführungen auseinander, die in unseren Versammlungen zu den einzelnen Bestimmungen des Gesetzentwurfs gemacht worden sind — nicht immer zustimmend; vielfach wird die Erklärung abgegeben, daß aus diesen und jenen Gründen es nicht möglich sei, sich den Anschauungen, die in unseren Kreisen geäußert worden sind, anzuschließen.

Das, meine Herren, ist ja naturgemäß nach der Stellung, die von uns bei diesen ganzen Verhandlungen von vornherein in bewußter Weise eingenommen worden ist. Als der Centralverband in die Beratungen eintrat, die er, wie gesagt, teils allein, teils in Gemeinschaft mit Vertretern der Feuerversicherungs-Gesellschaften geführt hat, wurde von vornherein festgestellt, daß diese Beratungen sich nur darauf beziehen sollten: wie müßten die Bestimmungen des Gesetzentwurfes lauten, wenn dabei die Interessen der Industrie nach den Wünschen und nach den Auffassungen, wie sie in diesen Kreisen vertreten sind, berücksichtigt werden, wenn diese Interessen in vollem Maße zur Geltung kommen sollen. Von vornherein ist aber damals bemerkt und bei der Beratung erklärt worden, daß man durchaus nicht verkenne, daß die Interessen der Industrie nicht die einzigen Interessen seien, die in einem solchen Gesetzentwurf zu regeln seien, daß man durchaus davon überzeugt sei und es wisse, daß es eine Reihe von anderen gleichwertigen, wichtigen Interessen gebe, deren Berücksichtigung im einzelnen Falle vielleicht zu anderen Anschauungen, zu anderen Auffassungen führen könnte, wie sie hier vertreten werden. Man glaubte aber, daß es für den Verfasser und für die Redaktoren des Gesetzentwurfes von besonderem Werte sein müßte, ihnen die Erklärungen der einzelnen Interessentenkreise nach ihren Interessen, nach ihren Anschauungen, die sie aus der Praxis herausholen, darzulegen. Die Vereinigung der verschiedenen Interessen, das Finden der mittleren Linie sollte bei der bewußten Absicht, in der diese ganzen Verhandlungen hier geführt worden sind, nicht unsere, sondern die Aufgabe des Reichsjustizamtes und der gesetzgebenden Faktoren sein, und deshalb, meine Herren, weil an dieser Auffassung bei den ganzen Verhandlungen festgehalten worden ist, da ist es natürlich, daß der Gesetzgeber sich nicht nach allen Richtungen hin den Anschauungen, wie sie in diesen Verhandlungen geäußert worden sind, hat anschließen können.

In einem Punkte allerdings sind mir aus der gesamten öffentlichen Kritik, soweit ich sie wenigstens habe verfolgen können, keine Gründe bekannt geworden, die der Stellungnahme der Reichsregierung und des Bundesrates, wie sie in dem nunmehr endgültig redigierten Gesetzentwurf zum Ausdruck kommt, zur Stütze dienen könnten, und dieser Punkt, der mit die Ursache gewesen ist, daß der Gesetzentwurf sich so lange im Bundesrat aufgehalten hat, ist die Stellung der öffentlichen Sozietäten in dem Gesetzentwurf.

Es ist über diese Frage bereits bei früherer Gelegenheit hier ausführlich gesprochen worden, und ich kann mich auch da deshalb kurz fassen.

Der Gesetzentwurf unterscheidet zwei verschiedene Arten von öffentlichen Versicherungsanstalten, die einen, bei denen die Versicherung der einzelnen Versicherungsnehmer und der einzelnen Objekte sich ohne weiteres kraft Gesetzes ergibt, oder bei denen doch wenigstens ein Zwangsrecht der Versicherungsanstalt für gewisse Arten von ver=

sicherungspflichtigen Objekten besteht. Derartige Einrichtungen finden wir in Bayern, in Sachsen, in Baden und in anderen deutschen Staaten, und der Centralverband hat sich schon früher damit einverstanden erklärt, daß diese auf gesetzlichem Zwangsrecht aufgebauten öffentlichen Versicherungsanstalten aus dem Gesetzentwurf herausgelassen werden, weil sie so unlöslich mit dem ganzen Verwaltungsrecht der einzelnen deutschen Staaten verbunden sind, daß ein Ausscheiden aus diesem Recht kaum durchführbar sein würde.

Anders ist die Stellung hinsichtlich derjenigen öffentlichen Versicherungsanstalten, die kein Zwangsrecht gegenüber den Versicherungspflichtigen haben, sondern die lediglich begründet sind kraft öffentlichen Rechts, deren Gewerbebetrieb aber bisher in vollkommen freier Konkurrenz mit den privaten Versicherungsgesellschaften geführt wird. Der Centralverband hat hier bisher daran festgehalten — und ich möchte glauben, daß dies auch heute geschehen wird —, daß solche Versicherungsanstalten unter die Bestimmungen des Gesetzes zu stellen sind.

Und, meine Herren, das ist auch die Auffassung der Reichsregierung in einem früheren Stadium der ganzen Verhandlungen gewesen. Sie wollen sich dessen erinnern, daß Graf Posadowsky seinerzeit im Reichstage diese von mir eben gezogene Folgerung als selbstverständlich erklärt hat.

Die Anschauungen haben sich inzwischen gewandelt, und soweit man hört, ist der preußische Partikularismus in diesem Falle derjenige, welcher der Reichseinheit entgegentritt. Die Anschauung ist nun allerdings die, daß formell auch die öffentlichen Sozietäten unter das Gesetz zu stellen sind; das Gesetz findet an sich auch auf diese Anwendung, aber, meine Herren, alle Zwangsvorschriften des Gesetzes gelten als solche nicht für die öffentlichen Sozietäten. Ich habe die einzelnen Zwangsvorschriften durchgeprüft. Ich darf mir erlauben, das Urteil dahin zu fällen, daß keine dieser Zwangsvorschriften irgendwie im Gegensatz zu der Organisation und Verfassung der einzelnen Sozietäten steht, daß nicht abzusehen ist, weshalb die einzelnen Sozietäten nicht ebenso gut angehalten werden können, wie die privaten Versicherungsanstalten, diejenigen Vorteile, die diese Vorschriften den Versicherten zuteil werden lassen, den Versicherten auch zu gewähren — um so weniger ist dies einzusehen, als die öffentlichen Sozietäten ja erklärt haben, daß sie alle diese Vorteile und noch mehr ihrerseits sofort auf Grund ihrer statutarischen Bestimmungen den Versicherten gewähren würden. Hier liegen in der Tat lediglich partikularistische Bedenken vor, und es wäre wünschenswert, daß der Reichstag hier noch eine Aenderung einfügt.

Völlig unberührt von den Bestimmungen des Entwurfs soll nach der nunmehrigen Fassung die **Rückversicherung** bleiben, während die „**laufende Versicherung**“ nach wie vor von den Zwangsvorschriften ausgenommen sein soll. Die Vorschläge des Entwurfs sind durchaus zu billigen, die laufende Versicherung hat übrigens auch gerade für die industrielle Feuerversicherung eine gewisse Bedeutung; der Industrielle wird erwägen müssen, ob nicht vielfach die „laufende Versicherung“ der Rohmaterialien und Vorräte zweckmäßiger ist als die Anwendung der Vorschriften des Gesetzentwurfes über den Sachinbegriff. — Der Aufbau des Entwurfs ist derselbe geblieben; die Begründung setzt sich in eingehender Weise mit den dagegen, auch in diesem Kreise namentlich von Herrn Dr. **Beumer** erhobenen Einwendungen auseinander.

Auch die den Vorentwurf beherrschenden **Prinzipien** sind sämtlich aufrecht erhalten worden, insbesondere der Grundsatz, daß nur ein Verschulden des Versicherungsnehmers, wie es nunmehr anstatt des Versicherten einem auch von Ihnen geäußerten Wunsche gemäß heißt, zu Nachteilen für diesen führen darf, sowie daß die Nachteile einer objektiven, nicht auf den Willen des Versicherungsnehmers zurückzuführenden Gefahrerhöhung den Versicherer und nicht, wie unter den heutigen Verhältnissen, den Versicherungsnehmer treffen.

Auch der Umfang der **Zwangsvorschriften**, von denen der Versicherer zum Nachteil des Versicherungsnehmers nicht abweichen darf, ist derselbe geblieben; den Wünschen der Versicherer, ihnen größere Bewegungsfreiheit zu gewähren, ist nicht entsprochen worden, ebensowenig aber auch dem auch aus industriellen Kreisen zum Ausdruck gebrachten Verlangen, in erheblich größerem Maße den Inhalt des Versicherungsvertrages unter gesetzliche Normen zu stellen, die nicht durch Privatwillkür geändert werden dürfen. Ich glaube, daß die Verfasser des Entwurfs Recht daran getan haben, keiner der beiden Parteien zu folgen, insbesondere bin ich auch nicht der Ansicht, daß es im Interesse der Industrie liegt, noch weitere Zwangsvorschriften zu geben, die in zahlreichen Fällen den tatsächlichen Verhältnissen gar nicht entsprechen, aber zweifellos zu einer allgemeinen Erhöhung der Prämien führen würden. Das gilt namentlich auch für die häufig verlangte Vorschrift, daß kraft Gesetzes die Feuerversicherung stets auch alle **Explosionsgefahr** umfassen solle. Ich glaube, daß hier zu sehr generalisiert wird; in zahlreichen Fällen liegt das Bedürfnis nach solcher Ausdehnung der Versicherung nicht vor; wird diese Ausdehnung aber allgemein angeordnet, so muß diese Gefahrerhöhung bei der Festsetzung der Prämien berücksichtigt werden, so daß auch diejenigen, deren Interessen durch den geringeren Versicherungsumfang durchaus geschützt wären, doch die höhere Prämie zahlen müssen. Der einzige Erfolg gegen den jetzigen Zustand bestände also darin, daß der äußerlich sichtbare Prämienzuschlag für Uebernahme der Explosionsgefahr in Wegfall kommen würde. Freilich trifft dies von mir in Aussicht gestellte, für den Versicherungsnehmer ungünstige Ergebnis nur dann ein, wenn die Versicherer die stärkere Partei sind und die Prämienerhöhung durchsetzen können; dies wird aber doch gerade von denjenigen, die möglichst weitgehende Zwangsvorschriften wünschen, vorausgesetzt, und es wird wohl auch zutreffen.

Die Stellung der Agenten ist in dem neuen Entwurfe schärfer wie bisher umgrenzt worden und es ist dabei einem nicht unberechtigten Bedenken der Versicherer entgegengekommen. Sie werden sich erinnern, meine Herren, daß der Entwurf zwei Arten von Agenten kennt, Vermittelungsagenten und Abschlußagenten, daß er aber auch den Vermittelungsagenten gewiße über die bloße Vermittelung hinausgehende Befugnisse beilegt und sie insoweit als Bevollmächtigte des Versicherers betrachtet. Der Entwurf hat damit einen Mittelweg zwischen den beiden Extremen eingeschlagen, von denen die eine Anschauung die Versicherer jeder Verantwortung für die Erklärungen und Handlungen ihrer Vermittlungsagenten ledig erklärte, die andere sie für alle solche Erklärungen und Handlungen haften lassen wollte. Gegen den Vorentwurf sind nun zwei Aenderungen eingeführt, die beide in den Verhandlungen des Centralverbandes in Vorschlag gebracht worden sind; ist einem Agenten ein bestimmter Bezirk zugewiesen, so soll er jetzt im allgemeinen nur für Geschäfte und Rechtshandlungen zuständig sein, die sich auf Versicherungsverträge über die im Bezirke befindlichen Sachen oder mit den im Bezirke gewöhnlich sich aufhaltenden Personen beziehen, ferner ist jetzt auch bestimmt worden, daß der Agent Prämien nebst Zinsen und Kosten nur dann anzunehmen befugt ist, wenn er sich im Besitz einer von dem Versicherer unterzeichneten Prämienrechnung befindet. Damit ist die heute bestehende Uebung aufrecht erhalten. Die neue Bestimmung, daß die Versicherungsgesellschaft am Wohnsitz oder dem Ort der gewerblichen Niederlassung des Agenten, der den Versicherungsvertrag vermittelt oder abgeschlossen hat, Recht zu nehmen hat, entspricht den Interessen des Versicherungsnehmers; dieser selbst wird übrigens an seinem jeweiligen Wohnsitz verklagt.

Bei den Verhandlungen des Centralverbandes war der Wunsch ausgesprochen worden, in dem Gesetze Vorschriften zu geben, durch die die Vermittlungs- und Abschlußagenten auch äußerlich unterscheidbar würden, der Art etwa, daß der Versicherungsnehmer berechtigt sein solle, von demjenigen, der sich öffentlich als Generalagent bezeichne, anzunehmen, daß er die Befugnisse eines Abschlußagenten habe. Die unbefugte Führung der einzelnen Bezeichnungen hätte dann unter Strafe gestellt werden müssen, es hätte auch wohl bestimmt werden können, daß solch unbefugte Führung dieser Bezeichnungen zur Entziehung der Befugnis, das Agenturgewerbe zu treiben, Anlaß geben könne. Der Entwurf lehnt es ab, dieser Anregung Folge zu geben, weil die Verhältnisse in den einzelnen Versicherungszweigen zu verschieden seien, um eine allgemeine gesetzliche Regelung zu ermöglichen. In diesem Falle mag der Einwand zutreffen, dasselbe kann ich aber nicht für die Ablehnung des anderen von uns geäußerten Wunsches anerkennen, wonach eine Regelnng der Befugnisse der mit Verhandlungen mit den Versicherungsnehmern betrauten Beamten der Versicherungsgesellschaften (Inspektoren u. s. w.) angebahnt werden möchte. Ich glaube, daß hier sehr wohl eine Ordnung ähnlich der im Handelsgesetzbuch für Handlungsbevollmächtigte und Reisende gegebenen möglich sein würde. Solche Bestimmungen liegen aber im dringenden Interesse der Versicherungsnehmer.

Lassen Sie mich nunmehr einige Einzelheiten erwähnen, in denen Aenderungen gegen den hier früher besprochenen Entwurf vorgenommen worden sind. Nach dem ersten Entwurf mußten die Versicherungsscheine, die Polizen, immer auf den Namen ausgestellt sein, jetzt können sie auch sog. uneigentliche Inhaberpapiere sein, bei denen die Versicherungsgesellschaft wohl berechtigt, aber nicht verpflichtet ist, an den Vorzeiger des Scheines zu leisten. Es sind Bestimmungen gegeben, die es gestatten, diese Scheine den wirklichen Inhaberpapieren sehr anzuähneln und damit wird, wie ich glaube, ein auch in industriellen Kreisen hin und wieder auftretendes Bedürfnis befriedigt werden können.

Viel erörtert worden ist die Vorschrift des Vorentwurfs, wonach in völliger Abweichung von der bisherigen Praxis der Versicherungsgesellschaften, dem Versicherer der Rücktritt vom Vertrage und die Befreiung von seiner Leistungspflicht dann nicht freistehen sollte, wenn der Versicherungsnehmer die Vertragsbestimmungen zwar verletzt habe, diese Verletzung aber als von ihm unverschuldet anzusehen ist; ja es war noch hierüber hinaus vorgeschrieben, daß, wenn der Versicherungsnehmer Vertragsbestimmungen nach dem Eintritt des Versicherungsfalles, bei der Feuerversicherung also nach dem Brandschaden, verletze, die vorher mitgeteilten Rechtsnachteile den Versicherungsnehmer nur dann treffen dürften, wenn die von ihm verübte Vertragsverletzung arglistig geschehen sei. Den lebhaften Widerspruch der Versicherer gegen diese ihnen auferlegte Beschränkung erkannte auch die Kommission des Centralverbandes als berechtigt an, und auch der jetzige Entwurf hat sich hier zu einer Aenderung veranlaßt gesehen. Entsprechend unserem Beschlusse ist nunmehr angeordnet worden, daß dieser äußerste Rechtsnachteil, die Befreiung des Versicherers von seiner Leistungspflicht, von der Verpflichtung, die Entschädigung zu zahlen, schon dann eintreten dürfe, wenn der Versicherungsnehmer seine Vertragspflichten vorsätzlich oder doch grob fahrlässig verletzt hat. Liegt eine zwar nicht grobe, aber immerhin fahrlässige Vertragsverletzung vor, hat zum Beispiel fahrlässigerweise, aber nicht grob fahrlässig, der Versicherungsnehmer den ihm entstandenen Brandschaden erst am vierten Tage nach dem Brande angezeigt, dann darf zwar die Gewährung der Brandentschädigung nicht verweigert werden, der Versicherungsnehmer braucht deshalb aber doch nicht straflos zu bleiben; ihm können in dem Vertrage Geldstrafen oder auch sonstige Rechtsnachteile, zum Beispiel daß nunmehr die Verhandlungen nur noch mit der Direktion, und zwar an ihrem Sitze zu führen seien, auferlegt werden. Die Schutzwehren, die hier zu Gunsten des Versicherungsnehmers im Vorentwurf gegeben waren, sind jetzt weggelassen worden, es sei Sache der Aufsichtsbehörde, unbilligen Strafbestimmungen bei der Genehmigung der allgemeinen Versicherungsbedingungen entgegenzutreten. Ich bedauere den Wegfall der früheren Bestimmungen; die lediglich fahrlässige Verletzung einer Vertragspflicht sollte nur mit mäßigen Ordnungsstrafen belegt werden dürfen. Eine Strafe von 5 pCt. der Versicherungssumme, wie sie der erste Entwurf zuließ, wegen eines solchen Versehens ist in der Regel schon außerordentlich hoch, zumal daneben die Schadensersatzpflicht des Versicherungsnehmers wegen dieses Versehens bestehen bleibt. Hier wird im Interesse der Versicherungsnehmer eine Wiederaufnahme der früheren Schutzvorschriften unter weiterer Herabsetzung des zulässigen Maßes, namentlich bei höheren Versicherungssummen, notwendig sein.

Die Vorschriften des ersten Entwurfs über die gegenseitigen Rechte und Pflichten des Versicherers und des Versicherungsnehmers innerhalb eines Konkurses der Versicherungsgesellschaft sind nach Maßgabe unserer Vorschläge umgeändert worden, dagegen ist der vom Centralverbande gegebenen Anregung, bei einem Konkurse des Versicherers denjenigen Versicherungsnehmern, die bei der Konkurseröffnung einen Entschädigungsanspruch infolge Eintritts des Versicherungsfalles bereits erworben haben, eine bevorrechtigte Gläubigerstellung zu gewähren, nicht entsprochen worden, es würde dies auch zu zahlreichen Konsequenzen hinsichtlich anderer Interessentenkreise führen und einen ungemein tiefen Eingriff in das Konkursrecht bedeuten. Große praktische Bedeutung hat die ganze Angelegenheit wohl kaum; nach den Befugnissen, die dem Aufsichtsamte zur Sanierung notleidender Versicherungsgesellschaften gegeben sind, wird wenigstens bei deutschen Versicherungsgesellschaften kaum jemals der Fall des Konkurses eintreten.

Die Vorschriften über die Anzeigepflicht sind auch gegenüber den Einwendungen der Versicherungsgesellschaften aufrecht erhalten worden. Nur die ihm bekannten Umstände, die für die Uebernahme der Gefahr durch den Versicherer erheblich sind, braucht der Versicherungsnehmer anzuzeigen; ist nach einem Umstande vom Versicherer ausdrücklich und schriftlich gefragt worden, so gilt solch Umstand im Zweifel als erheblich, andererseits kann der Versicherer aber gegenüber einem Versicherungsnehmer, der die Gefahrumstände an der Hand schriftlicher von dem Versicherer gestellter Fragen angezeigt hat, wegen unterlassener Anzeige eines Umstandes, nach dem nicht ausdrücklich gefragt worden ist, nur im Falle arglistiger Verschweigung vom Vertrage zurücktreten. Das ist alles so geblieben, wie es im ersten Entwurf geordnet war, und die Industrie kann diese Vorschriften als wesentlichen Fortschritt nur freudig begrüßen. Neu ist eine Bestimmung, wonach der Versicherer sich seiner Leistungspflicht nicht entziehen kann, wenn er wegen verletzter Anzeigepflicht erst nach Eintritt des Versicherungsfalles, also z. B. des Brandschadens, vom Vertrage zurücktritt, während doch der Umstand, in Ansehung dessen die Anzeigepflicht verletzt ist, keinen Einfluß auf den Eintritt des Versicherungsfalles und auf den Umfang der Leistung des Versicherers gehabt hat. Beispielsweise, der Brand, der auf ein Haus beschränkt bleibt, ist in diesem Hause entstanden, dann kann die Versicherungsgesellschaft sich nicht um deshalb ihrer Leistungspflicht entziehen und nach dem Brandfall ihren Rücktritt vom Vertrage erklären, weil die Entfernung bis zum nächsten Hause unrichtig angegeben ist, es sei denn, daß sich erst jetzt herausstellt, daß diese Unrichtigkeit arglistig, um den Versicherer zu täuschen, verübt ist, denn alsdann ist der ganze Vertrag wegen dieser Arglist ohnehin anfechtbar. Der Industrie können diese neuen Vorschriften nur recht sein. Auch die in dem ersten Entwurf angenommenen Grundsätze über den Einfluß von Gefahrerhöhungen auf den Fortbestand der Versicherung sind aufrecht erhalten. Sie haben seinerzeit die lebhafte Zustimmung der Industrie gefunden. Eine Erschwerung der Lage des Versicherungsnehmers ist allerdings darin zu finden, daß jetzt für die dem Versicherungsnehmer obliegenden

Anzeigen die schriftliche Form ausbedungen werden kann. Für die Industrie hat dies wohl kaum irgend eine Bedeutung. Anders verhält es sich mit der Bestimmung, wonach Vereinbarungen, durch welche der Versicherungsnehmer bestimmte Obliegenheiten zum Zwecke der Verminderung der Gefahr oder zum Zwecke der Verhütung einer Gefahrerhöhung übernimmt, auch fernerhin zulässig sind. Diese Vorschrift betrifft mit in erster Reihe die industriellen Versicherungen, sie bringt aber nichts Neues, sondern soll lediglich ein selbstverständliches Recht des Versicherers außer allem Zweifel stellen und vorsorglich werden zu weitgehende Folgerungen, die der Versicherer aus der Verletzung dieser Vertragspflicht ziehen könnte, in dem Gesetzentwurfe ausgeschlossen.

Im Vorentwurf war im § 25 der Grundsatz aufgestellt worden, daß der Gefahrerhöhung nur dann eine rechtliche Bedeutung zukomme, wenn sie auf der Aenderung eines Umstandes beruhe, dessen unveränderte Fortdauer der Versicherer bei der Schließung des Vertrages voraussetzen dürfe. Hiergegen sind lebhafte Einwendungen erhoben worden. Der Versicherer werde, so ist geltend gemacht worden, nur verhältnismäßig selten mit der unveränderten Fortdauer des bestehenden Zustandes rechnen können, und er werde deshalb durch diesen Grundsatz zum Nachteile der Versicherungsnehmer dahin gedrängt werden, die Prämie von vornherein so zu bemessen, als ob alle Gefahrerhöhungen, deren zukünftiger Eintritt bei dem Abschluß des Vertrages überhaupt möglich erscheint, bereits wirklich eingetreten wären.

Der neue Entwurf berücksichtigt diese Einwendungen und bestimmt nun, daß eine Gefahrerhöhung dann nicht in Betracht komme, wenn nach den Umständen als vereinbart anzusehen ist, daß das Versicherungsverhältnis dadurch nicht berührt werden soll. Es bleibt nunmehr also der verständigen Auslegung des Vertrages überlassen, unter Würdigung der Verkehrssitten festzustellen, wann in jedem einzelnen Falle eine Gefahrerhöhung, sofern sie überhaupt erheblich ist, einen Einfluß auf den Bestand des Vertrages auszuüben vermag.

Was den Versicherungsschein anlangt, so ist da eine Neuerung enthalten, die ich nicht zu billigen vermag, die sich aber bereits in dem Entwurfe vorfindet, der vor Jahresfrist dem Bundesrat vorgelegt wurde. Früher hieß es, zwar beginne der Versicherungsschutz regelmäßig erst mit der Zahlung der ersten Prämie, der Schutz sei aber auch schon vorher gewährt, wenn dem Versicherungsnehmer vor erfolgter Zahlung der Prämie der Versicherungsschein ausgehändigt sei. Dies ist jetzt geändert worden; meines Erachtens zu Unrecht, ich glaube, es entspricht der allgemeinen Anschauung, daß jeder, der sich im Besitze des Versicherungsscheins befindet, nun auch von da an unter Versicherungsschutz steht.

Nicht angeschlossen hat sich der Gesetzentwurf den im Centralverbande geäußerten Wünschen, die Vorschriften des viel umstrittenen § 35 des Vorentwurfs aufrecht zu erhalten. Hier haben die Vorstellungen der Versicherungsgesellschaften, nach meiner persönlichen Auffassung nicht mit Unrecht, Erfolg gehabt. Es handelt sich um folgendes: Wegen der Verletzung der Anzeigepflicht, die dem Versicherungsnehmer bei Schließung des Vertrages oblag, kann der Versicherer vom Vertrage nicht zurücktreten, wenn den anderen Teil bei der Verletzung der ihm obliegenden Pflicht kein Verschulden trifft; desgleichen ist der Versicherer zum Rücktritt vom Vertrage nicht berechtigt, wenn ihm beim Abschluß des Vertrages ein für die Uebernahme der Gefahr erheblicher Umstand um deswillen nicht angezeigt worden ist, weil der Versicherungsnehmer diesen Umstand nicht kannte. In diesen Fällen sollte nach dem Vorentwurf der Versicherer den Nachteil, daß er für die tatsächlich vorhandene Gefahr eine zu niedrige Prämie erhalte, tragen müssen und nur, wenn die Versicherung auf der Grundlage eines Tarifes abgeschlossen worden war, sollte er befugt sein, von dem Beginn der laufenden Versicherungsperiode an diejenige höhere Prämie zu verlangen, die der Tarif für die jetzt vorhandene Gefahr in Aussicht nehme. Die Industriellen in der Kommission des Centralverbandes hielten diese Bestimmung um deshalb für günstig, weil sie die Aufstellung fester Tarife durch die Versicherungsgesellschaften als im Interesse der Industrie liegend erachteten, und weil sie annahmen, daß diese Bestimmung ein indirekter Zwang zur Aufstellung solcher Tarife sein würde. Der neue Gesetzentwurf hat, wie gesagt, den lebhaften Bedenken der Versicherungsgesellschaften nachgegeben; nunmehr soll der Versicherer in diesen eben erwähnten Fällen, in denen sein Rücktrittsrecht ausgeschlossen, die Gefahr, die er tragen muß, aber größer ist, als er bei Abschluß des Vertrages annahm, stets eine höhere Prämie verlangen können, falls dies nach der Sachlage angemessen erscheint.

Bei den Beratungen hier im Centralverbande war der Wunsch ausgesprochen worden, daß auch Bestimmungen für den Fall getroffen werden möchten, daß ein versichertes Interesse gleichzeitig bei mehreren Gesellschaften versichert wird, ohne daß der Fall der Doppelversicherung vorliegt. Solche Vorschriften sind nun auch gegeben, aber nur im Interesse des Versicherers, während doch auch der Versicherungsnehmer dabei seine Interessen zu wahren hat; hier werden noch ergänzende Bestimmungen notwendig sein, wonach beispielsweise bei Anzeigen und Erklärungen des Versicherungsnehmers an einen der Versicherer die von dem Versicherungsnehmer innezuhaltende Frist gewahrt ist, sofern die übrigen Versicherer gleiche Interessen haben.

Vom Centralverbande wurde die Anregung gegeben, eine Vorschrift aufzunehmen, daß der Versicherer sich nicht auf eine Vereinbarung berufen dürfe, wonach sich der Versicherungsnehmer bei den Verhandlungen zur Ermittlung und Feststellung des Schadens nicht durch einen Bevollmächtigten vertreten lassen darf. Diesem Wunsch ist in dem nun vorliegenden Entwurfe entsprochen worden.

Dagegen hat der Entwurf den von weiten Kreisen der Industrie geäußerten Wünschen, die taxierten Polizen dahin auszugestalten, daß sie den Versicherungswert zur Zeit des Eintritts des Versicherungsfalls angeben, nicht nachgegeben. Bei der Feuerversicherung beweglicher Sachen darf die Taxe nur den Wert darstellen, den das versicherte Interesse zur Zeit des Abschlusses des Vertrages hat. Immerhin bietet die Taxe auch in dieser Beschränkung den Industriellen wichtige Vorteile. Bei der Feuerversicherung kann für den durch einen Brandschaden entgehenden Gewinn, sofern er überhaupt versichert ist, keine Taxe vereinbart werden, es können aber, und das liegt durchaus im Interesse der Versicherungsnehmer, über die Art und Weise, in der der entgehende Gewinn im Falle des Brandschadens berechnet werden soll, schon in den Versicherungsbedingungen Bestimmungen getroffen werden. Diese Bestimmungen bedürfen der Genehmigung des Aufsichtsamts.

Endlich; eine der lebhaftesten Diskussionen entspann sich bei den Beratungen mit den Feuerversicherungs-Gesellschaften über den Beginn der Verzinsung der Schadenersatzsumme, die dem Versicherungsnehmer nach Eintritt des Brandschadens zusteht. Von der einen Seite wurde beantragt, diese Verzinsung solle sofort beginnen mit dem Tage des Brandereignisses, von den Versicherungsgesellschaften wurde dagegen lebhafter Protest erhoben. Der Gesetzentwurf hat jetzt eine mittlere Linie eingeschlagen. Er erklärt, daß die Versicherungsgesellschaft einen Monat nach Eintritt des Schadensereignisses die Entschädigung zu verzinsen habe, insoweit sie zu diesem Zeitpunkte noch nicht ausgezahlt worden sei, und die Verzögerung der Auszahlung nicht auf einem schuldhaften Verhalten des Versicherungsnehmers beruhe. Nachdem jetzt die Versicherung des entgehenden Gewinns zuläßig ist und somit der Versicherungsnehmer auch den Ersatz des mittelbaren Schadens, der ihm durch den Zinsverlust seines Anlage- und Betriebskapitals entsteht, versichern kann, darf man sich mit der Regelung des Entwurfs wohl einverstanden erklären.

Meine Herren! Ich möchte mit diesen kurzen Bemerkungen, die ja vielleicht immerhin zur Charakteristik des Entwurfes ein wenig beitragen, aufhören und möchte mir nur gestatten, zum Schluß darauf hinzuweisen, daß der gesamte Entwurf seiner Tendenz nach aufgebaut ist auf Treu und Glauben, aufgebaut ist darauf, daß den Versicherten ein möglichst weitgehender Schutz gewährt werden soll, der nur in denjenigen Fällen verloren geht, in denen Vorsatz oder grobe Fahrlässigkeit auf seiten des Versicherungsnehmers einen Schaden herbeigeführt haben, oder wo er die Verpflichtungen, die ihm auferlegt sind, schuldhafterweise nicht beachtet hat, während in allen übrigen Fällen lediglich Ordnungsstrafen zulässig sind. Diese Grundsätze sind in dem neuen Entwurf aufrecht erhalten worden, und sie wollen wir als einen wesentlichen Fortschritt gerne begrüßen.

Ich habe schon früher darauf hingewiesen, daß, meines Erachtens noch viel wichtiger, als die Mitwirkung der Industrie an diesem Gesetzentwurf, ihre Teilnahme an der Ausgestaltung der allgemeinen Versicherungsbedingungen ist, wie sie nunmehr auf Grund dieses Entwurfes, der ja voraussichtlich in wenigen Monaten Gesetz sein wird, von den Feuerversicherungs-Gesellschaften und den übrigen Gesellschaften vorgenommen werden wird.

Sie erinnern sich, meine Herren, daß die Feuerversicherungs-Gesellschaften bereits zugesichert haben, daß sie die neuen allgemeinen Bedingungen nicht aufstellen werden, ohne vorher mit dem Centralverband Deutscher Industrieller in Beziehung und Verhandlungen zu treten. Das wird nun abgewartet werden müssen.

Meine Herren, ich möchte glauben, daß die Beschlüsse und die Auffassungen, die Sie vor zwei Jahren zu dem damals vorliegenden Vorentwurfe zum Ausdruck gebracht haben, auch heute noch, trotz mancher Aenderungen, in denen nicht allen Wünschen der Industrie nachgekommen ist, doch völlig zu Recht bestehen geblieben sind. Der Entwurf ist eine durchaus geeignete Grundlage für die Schaffung eines einheitlichen Versicherungsrechts in Deutschland. Er ist im besten Sinne des Wortes modern und wird dem deutschen Wirtschaftsleben zweifellos nützen; zu wünschen ist nur, daß auch die öffentlichen Sozietäten, soweit sie keinen Zwangscharakter haben, mit einbezogen werden.

Im Auftrage des Direktoriums gestatte ich mir, den geehrten Herren vorzuschlagen, folgenden Beschlußantrag anzunehmen:

„Der Ausschuß des Centralverbandes Deutscher Industrieller hält den Entwurf des Versicherungsgesetzes auch in seiner neuen Gestalt, wie er dem Reichstage vorgelegt worden ist, für eine geeignete Grundlage für die gesetzliche Regelung des deutschen Versicherungsrechts.

Er begrüßt insbesondere mit freudiger Anerkennung die sorgfältige Benutzung der Kritik, namentlich auch der Verhandlungen des Centralverbandes für die endgültige Feststellung des Entwurfes.

Der Centralverband hält aber daran fest, daß irgend welche sachlichen Gründe gegen die Unterstellung der öffentlichen Versicherungsanstalten unter die Vorschriften des Gesetzes nicht angeführt und auch nicht bekannt geworden sind; der Centralverband spricht die Erwartung aus, daß der Reichstag gemäß den früheren Zusicherungen der Reichsregierung die Einbeziehung der öffentlichen Sozietäten in das Gesetz durchsetzen wird."

(Beifall.)

Vorsitzender: Meine Herren, ich eröffne die Diskussion und darf wohl ohne besondere Abstimmung konstatieren, daß Sie dieser vorgelesenen Resolution Ihre Zustimmung geben.

Meine Herren, damit ist die Tagesordnung erschöpft.*)

---

*) Im Heft 96 sind die Allgemeinen Versicherungsbedingungen des Verbandes Deutscher Privat-Feuerversicherungs-Gesellschaften abgedruckt. Zur Vervollständigung teilen wir nun die im Jahre 1905 von einer größeren Anzahl der Privat-Feuerversicherungs-Gesellschaften erlassene Erklärung mit. Sie lautet:

Erklärung zu den Allgemeinen Versicherungsbedingungen.

Zu § 3. Die Gesellschaft ist auch dann zur Entschädigung verpflichtet, wenn die Angaben und Anzeigen, welche der Antragsteller im Antrage nach Anleitung seines eingedruckten Inhaltes und in den sonstigen neben dem Antrage etwa der Gesellschaft eingereichten Schriftstücken richtig und gewissenhaft zu machen hat, ohne Verschulden des Antragstellers dieser Vorschrift nicht entsprechen.

Zu § 5, 1. Unter einer Vermehrung der Feuergefährlichkeit, welche nach § 5 das Ruhen der Entschädigungspflicht oder die Aufhebung der Versicherung zur Folge haben kann, ist eine unerhebliche Vermehrung der Feuergefährlichkeit nicht zu verstehen.

Zu § 5, 4. Die Entschädigungsverpflichtung der Gesellschaft besteht beim Eigentumswechsel unbeweglicher Gegenstände zunächst noch einen Monat fort, soweit nicht die Versicherung nach dem Vertrage früher endigt.

Zu § 6, Abs. 1. Die Frist für die Anzeige von einem Brande wird von 24 Stunden auf 2 Tage verlängert; die Anzeige hat an den Agenten oder an die Gesellschaft zu erfolgen.

Zu § 6, Abs. 2. Wenn der Versicherte der Verpflichtung, im Falle eines Brandes für die Rettung, Sicherung und Erhaltung versicherter Gegenstände zu sorgen, zuwiderhandelt, so hat die Gesellschaft für den daraus ent-

Bevor ich schließe, gestatten Sie mir noch eine kurze Mitteilung. Sie werden sich aus den industriellen Verhältnissen der letzten Jahre erinnern, daß sich vielfach verschiedene Industriezweige zu Interessengemeinschaften zusammengeschlossen haben. Diesem Vorgange ist auch der Centralverband gefolgt, indem er mit der Zentralstelle für Vorbereitung von Handelsverträgen in eine Interessengemeinschaft getreten ist. Meine Herren, die grundlegende Bestimmung dieses Kartells — so möchte ich mich beinahe ausdrücken — besteht darin, daß beide Vereinigungen darin übereinkommen, daß sie hinfort für Beratung solcher Fragen, welche die allgemeinen Interessen der gesamten deutschen Industrie berühren, möglichst Fühlung miteinander nehmen und bei gleichgerichteter Stellungnahme ihre Beschlüsse gegenüber der Oeffentlichkeit gemeinsam vertreten wollen. Ich hoffe, daß diese Interessengemeinschaft der beiden Körperschaften zum Wohle dieser Körperschaften selbst und dadurch zum Wohle der gesamten Industrie beitragen wird. (Beifall.)

Damit, meine Herren, schließe ich die Sitzung.

Schluß $3^1/_2$ Uhr.

---

standenen Schaden nur dann nicht aufzukommen, wenn der Versicherte dieser Vorschrift grobfahrlässig zuwiderhandelt.

Die durch die Umstände gebotenen Aufwendungen, welche der Versicherte im Falle eines Brandes zur Abwendung oder Minderung eines Schadens macht, gelten selbst wenn sie erfolglos bleiben mitversichert, soweit die Versicherungssumme hierfür ausreicht.

Zu § 8, Abs. 3. Verhandlungen über den Schaden und die Entschädigung mit einem Bevollmächtigten des Versicherten kann die Gesellschaft nicht ablehnen.

Zu § 10. Der Versicherte verliert wegen nicht rechtzeitiger Anzeige des Brandes an den Agenten oder die Gesellschaft (§ 6, Abs. 1) seinen Anspruch auf Entschädigung nur bei grobfahrlässiger Unterlassung der Anzeige.

Zu § 11, Abs. 1. Was hinsichtlich der Zahlung der gesamten Entschädigung bestimmt ist, gilt auch für festgestellte Teilbeträge.

Zu § 11, Abs. 4. Die Frist von sechs Monaten, durch deren Ablauf die Ansprüche auf Entschädigung erloschen sind, wird auf ein Jahr verlängert.

Zu § 13, Abs. 2. Die für die Aufhebung der Versicherung nach einem Brande bestimmte Frist von zwei Wochen wird auf einen Monat verlängert.

II.

Reden beim Festmahle

am 9. Dezember 1905 im Savoy-Hotel zu Berlin.

Am 12. Dezember 1905 hat Herr Generalsekretär H. A. Bueck sein fünfundsiebzigstes Lebensjahr vollendet. Die Anregung fand allseitige Zustimmung, am 9. Dezember im Anschluß an die Sitzung des Ausschusses des Centralverbandes einen größeren Kreis von Verehrern und Freunden des Herrn Bueck um ihn zu versammeln, die ihm ihre dankbare Anerkennung für seine treue Arbeit um die deutsche Industrie und ihre herzlichen Wünsche für seine ferneren Jahre anläßlich der zu Ende gehenden drei Viertel Jahrhunderte seines Lebens zum feierlichen Ausdruck bringen wollten. So versammelte sich am Abend des 9. Dezember eine große und glänzende Schar führender Männer unseres deutschen Wirtschaftslebens im Savoy-Hotel zu Berlin, Herrn Bueck ihre Huldigung darzubringen. Die Reden bei dieser Feier auch über die festliche Stimmung des Abends hinaus festzuhalten und sie den vielen deutschen Industriellen zur Kenntnis zu bringen, die mit ihren Sympathien an der Ehrung für Herrn Bueck gern teilnehmen, die aber verhindert waren, am 9. Dezember in der Festversammlung anwesend zu sein, ist ein vielfach geäußerter Wunsch. Ihn zu erfüllen, soll die Einfügung dieser Reden in dieses Heft dienen.

Berlin, den 1. Januar 1906.

Dr. Leidig.

Vorsitzender des Centralverbandes, **R. Vopelius**-Sulzbach, Mitglied des Herrenhauses: Meine Herren, aus welchem Partikularstaate Deutschlands wir auch sein mögen, welcher politischen Richtung wir auch angehören mögen, welchem Industriezweige wir auch unsere Tätigkeit widmen mögen, — wir vereinen uns alle in der Liebe und Verehrung zu unseres allergnädigsten Kaisers Majestät. (Die Anwesenden erheben sich.)

Meine Herren, die ernsten Worte Seiner Majestät bei Eröffnung des Reichstages hat Herr Generalsekretär Bueck in der kurz vorhergegangenen Sitzung Ihnen in das Gedächtnis zurückgerufen. Einstimmig wurde die von dem Direktorium vorgelegte Resolution angenommen, um damit zu erkennen zu geben, daß auch wir alle „die Schutzwehr gegen ungerechte Angriffe verstärkt sehen wollen". (Beifall.)

Meine Herren, wir erwarten von dem Reichstag, daß er die Vorlage in Betreff der Marine vollauf würdigen werde. Mit dieser Würdigung wird er sich und der Nation einen großen Dienst leisten. (Beifall.)

Meine Herren, fassen wir die Gefühle für unseren erhabenen Herrn zusammen, indem Sie mit mir einstimmen in den Ruf: Seine Majestät, unser allergnädigster Kaiser Wilhelm II., er lebe hoch!

Geheimer Finanzrat **Jencke**-Dresden: Meine hochgeehrten Herren! Wie dem Bueckschen Buche über den Centralverband zu entnehmen ist — es steht im ersten Bande —, wird der Centralverband in der Lage sein, in wenigen Tagen ein 30jähriges Erinnerungsfest zu feiern. Am 14. Dezember 1875 nämlich versammelte sich auf Einladung des Herrn von Kardorff, den wir erwarten, der aber leider noch nicht hier ist, im Norddeutschen Hofe zu Berlin eine größere Anzahl Industrieller. Herr von Kardorff führte in seinen einleitenden Worten aus, daß, während die Landwirtschaft und der Großhandel bereits eine geordnete Organisation zur Wahrnehmung ihrer Interessen besäßen, die Industrie einer solchen noch entbehre, und daß deshalb die Gründung eines neuen Vereins für die Industrie notwendig sei. Die Konstituierung des Centralverbandes erfolgte nachmals in der Tat am 20. Januar 1876.

Von den Teilnehmern an jener ersten von Herrn von Kardorff einberufenen Versammlung sind, wie das bei der Länge der Zeit, die seitdem verflossen ist, nicht anders zu erwarten ist, schon viele dahingegangen. Unter ihnen befanden sich Industrielle, deren Namen einen guten, unvergänglichen Klang in der Industrie stets haben werden.

Unter den Ueberlebenden aber, meine Herren, befindet sich einer, den wir alle kennen und lieben und verehren und hochschätzen, der, wenn er es auch manchmal in Abrede stellt, sich doch noch im vollen Besitz seiner geistigen und körperlichen Kraft befindet, der nicht arbeitsmüde wird, immer arbeitsfreudig, daneben aber auch noch empfänglich für die Genüsse des Lebens ist: das ist unser lieber, allverehrter Herr Bueck. (Lebhafter Beifall.)

Meine Herren, Herr Bueck wird in wenigen Tagen seinen 75. Geburtstag feiern, am 12. d. M. An diesem Tage konnten wir ihn natürlich nicht für uns in Anspruch nehmen, an diesem Tage gehört er seiner Familie, welcher er sich bei der auf ihm ruhenden Arbeitslast leider Gottes viel weniger hat widmen können, als wie es in der Ordnung gewesen wäre. Deshalb haben wir uns heute nach unserer Sitzung in festlicherer Form, als wir dies sonst zu tun pflegen, vereinigt, um einige Tage vorher diesen Geburtstag unseres verehrten Freundes zu feiern, und wenn ich auf Befehl unseres Herrn Vorsitzenden es übernommen habe, an dieser festlichen Tafel der Dolmetsch der Gefühle zu sein, welche uns für den 75jährigen beseelen, so darf ich wohl sagen, daß ich selten in meinem Leben das Wort so gern ergriffen habe, als dies heute zu Ehren unseres verehrten Freundes geschieht. (Beifall.)

Es ist ein Leben voll reicher Arbeit, von reichen Erfolgen — aber auch von mancher Feindschaft natürlich, mancher Mißgunst begleitet —, auf welches Herr Bueck heute zurückzusehen in der Lage ist. Die Tätigkeit, welche Herr Bueck auf allen Gebieten des wirtschaftlichen Lebens entfaltet hat, ist dank seiner umfassenden Kenntnisse, dank des Umstandes, daß er in allen Sätteln gerecht ist, eine derart weittragende und fruchtbringende gewesen, daß sie ihre Spuren überall hinterlassen, und, ich sage nicht zu viel, wenn ich hinzufüge: der Bewegung auf einzelnen Gebieten manchmal sogar ihren charakteristischen Stempel aufgedrückt hat.

Ich kann das im Rahmen einer Tischrede natürlich nicht so eingehend ausführen und begründen, wie es angemessen wäre. Das wäre Aufgabe einer umfassenden Biographie, die jemand einmal zu schreiben unternehmen müßte, und ich habe gerechten Zweifel, daß diese Biographie so gut ausfallen könnte und Leben und Wirken dieses Mannes so gut schildern würde, wie das Denkmal, das er sich in seiner dreibändigen Geschichte des Centralverbandes selbst gesetzt hat. (Zustimmung und Beifall.)

Meine Herren, zu der Zeit, von welcher ich ausging, also zu der Zeit, wo Herr von Kardorff die erste Versammlung der Industriellen einberufen hatte, war Herr Bueck noch Geschäftsführer der Nordwestlichen Gruppe des Vereins Deutscher Eisen- und Stahlindustrieller und des Wirtschaftlichen Vereins in Düsseldorf. Er hatte es aber durch sein dortiges Wirken verstanden, diesen beiden Vereinen bereits eine weit über die Grenzen der Provinzen, für welche sie errichtet waren, hinausgehende Bedeutung zu verleihen. Es war die Zeit, in welcher es sich darum handelte, ein gemäßigtes Schutzzollsystem einzuführen. Es war ein heißer Kampf, der damals entbrannte und der die besten Kräfte, über welche Rheinland und Westfalen zu verfügen hatte, auf den Kampfplatz rief. Die Herren sind ja zum großen

Teil verstorben. Ich nenne nur den verstorbenen Mulvany, die verstorbenen Geheimräte Baare und Karl Lueg, dann den zu aller unserer Freude noch lebenden Servaes und dann vor allen Dingen Herrn Bueck selber.

Es war deshalb auch ganz natürlich, daß in das Komitee, welches zur weiteren Bearbeitung der von Herrn von Kardorff angeregten Idee eingesetzt wurde, Herr Bueck mitberufen wurde, in dieses Komitee, welchem die Aufgabe gestellt war, den weiteren Bestrebungen der Industrie nunmehr die Wege zu ebnen, und, meine Herren, diese Wege zu finden war nicht eben leicht. Die Freihandelstheorie steckte noch allen viel zu sehr im Blute, so daß es, wie Herr Bueck in seinem Werke selbst bezeugt, auch nicht als opportun erschien, der Kampf gegen den Freihandel und für den Schutzzoll in das Programm des neu zu gründenden Vereins aufzunehmen.

Es verdient wohl der Vergessenheit entrissen zu werden, wie namentlich der engere Zusammenschluß der deutschen Eisenindustrie, durch welchen allein es vermocht wurde, die Rückkehr vom Freihandel zu einem gemäßigten Zollschutz durchzusetzen, das hauptsächlichste Verdienst Bueck's war und nur seine Bescheidenheit, die das eigene Verdienst in den Vordergrund zu schieben ängstlich vermeidet, ist die Ursache, daß dies in dem Bueck'schen Werke nicht mit der erforderlichen Deutlichkeit und Betonung hervorgehoben worden ist.

Für die Vereine, bei denen Herr Bueck in Düsseldorf tätig war, war es daher ein schwerer Entschluß, als sie sich damit einverstanden erklären mußten, daß Herr Bueck nach Berlin übersiedelte, um dort die Geschäftsführung des Centralverbandes Deutscher Industrieller zu übernehmen. Sie konnten freilich auch nicht wissen, daß sie in unserem Freunde Dr. Beumer einen auf allen Gebieten des wirtschaftlichen Lebens so außerordentlich bewanderten und dabei so arbeitsfreudigen und arbeitsfrohen Nachfolger Herrn Buecks gewinnen würden. Für den Centralverband aber bedeutete es einen ganz außerordentlich großen Vorteil, daß Herr Bueck die Geschäftsführung übernahm. War es doch die Zeit, in welcher an den Verband ganz außerordentlich große Aufgaben herantraten, welche die Arbeitskraft und das Wissen eines ganzen Mannes in Anspruch nahmen.

Ich kann die Tätigkeit, die Herr Bueck beim Centralverband in der langen Zeit, in der wir die Freude haben, ihn als unseren Geschäftsführer zu sehen, nicht eingehend entwickeln, möchte aber vor allem darauf hinweisen, daß in der Zeit seiner Anfangstätigkeit beim Centralverband die Kaiserliche Botschaft erging, durch welche mit der Initiative unseres verstorbenen Reichskanzlers Fürsten Bismarck die sozialpolitische Gesetzgebung eingeleitet wurde, daß mancher Gesetzentwurf infolgedessen an den Reichstag gelangte, und der Reichstag selbst manchen Antrag stellte, welcher schädlich war oder den Interessen der Industrie zuwiderlief und auf mangelndem Verständnis der Sachlage beruhte. Da galt es nun, alles das, was der Industrie förderlich war und was sie im Interesse der arbeitenden Bevölkerung billigen konnte und gern bewilligte, mit warmem Herzen zu verteidigen, das aber, was ihr schädlich war und unmöglich akzeptiert werden konnte, mit scharfer und unerbittlicher Kritik zu bekämpfen.

Gerade auf diesem Gebiet sind dem Centralverbande oft vollständig unberechtigte Vorwürfe gemacht worden. Man hat auch von Seiten, die es besser wissen mußten, die Behauptung aufgestellt, daß die im Centralverband vertretene Großindustrie der sozialpolitischen Gesetzgebung hinderlich und hemmend in den Weg getreten wäre, was durchaus nicht der Fall gewesen ist, und dieses richtig gestellt zu haben, ist — nebenbei bemerkt — mit ein Hauptverdienst des Bueck'schen Werkes über den Centralverband.

Meine hochverehrten Herren! Nur in einem Leben, das voll und ganz der ernsten und gewissenhaften tätigen Arbeit gewidmet war, konnte Herr Bueck sich diese Fülle von Kenntnissen erwerben, Kenntnisse, die sich auf alle Gebiete des wirtschaftlichen Lebens, und zwar nicht nur des deutschen, sondern des internationalen Lebens, erstrecken und welche unsere gerechte Bewunderung so oft hervorgerufen haben. Der nach den glänzenden Ausführungen des Herrn Bueck ihm in unseren Versammlungen spontan immer gespendete große Beifall war stets ein Zeichen nicht nur unserer Anerkennung, sondern unseres wärmsten Dankes für die uns gewordene Belehrung.

(Sich zum Jubilar wendend): Wenn ich das sage, mein lieber Herr Bueck, und wenn ich überzeugt bin, daß ich hiermit die Zustimmung der Versammlung habe, so können Sie es mir glauben, daß das keine leere Redensart ist, sondern der ungeschminkte Ausdruck einer wahrhaftigen Ueberzeugung. (Beifall.) Ihr Leben und Ihr Arbeiten, mein lieber Herr Bueck, war oft ein harter Kampf um die bedrohten, Ihrer Wachsamkeit anvertraut gewesenen Interessen unserer deutschen Industrie. Viele Ihrer Kampfgenossen sind schon dahingegangen, anstelle Ihrer alten Freunde sind neue Männer gekommen, und es muß Ihnen eine große Genugtuung sein, daß im Wechsel der Zeiten bei Alt und Jung Ihre Autorität stets dieselbe geblieben ist und daß nie auch nur der leiseste Gedanke zum Ausdruck gekommen ist, die Geschäfte des Centralverbandes könnten besseren treueren Händen anvertraut werden, als es die Ihren sind. (Beifall.)

Zum Beweise dessen, daß dies die unverbrüchliche Meinung und Stimmung im Centralverbande ist, haben wir Ihnen zu Ehren das heutige Fest veranstaltet. Sie wollen in dieser Veranstaltung den Ausdruck der Anhänglichkeit an Ihre Person, die Hochachtung für Ihren lauteren Charakter und Ihre überragenden Geistesgaben, des Dankes für Ihre jeder Zeit geleistete aufopferungsvolle Arbeit erblicken und diese Ehrung annehmen als eine in vollstem und höchstem Maße verdiente.

Als wir im Jahre 1898 den Erinnerungstag begingen, an welchem vor 25 Jahren Herr Bueck in den Dienst der Industrie getreten war, da äußerte Herr Bueck nach den vortrefflichen Reden, die dabei die Herren Reichsrat von Haßler, Geheimrat Servaes und Dr. Beumer hielten, daß es wohl gegen die Natur wäre, und daß es Ihnen (zu Herrn Bueck gewendet) auch niemand glauben würde, wenn Sie sagen wollten, daß Sie noch dieselbe Elastizität und Frische, dieselbe Arbeitskraft besäßen, wie in Ihren besseren Jahren. Nun, meine Herren, seitdem sind wieder sieben Jahre vergangen, und aus dem damals Achtundsechzigjährigen ist jetzt ein Fünfundsiebzigjähriger geworden. Ich meine aber, der jetzt Fünfundsiebzigjährige hat den Vergleich mit dem damals Achtundsechzigjährigen nicht zu scheuen. (Beifall.) Derselbe kann nun und nimmer zu seinen Ungunsten ausfallen. (Beifall.)

Ich könnte mich zum Beweise einfach auf das, wie immer, glänzende Referat beziehen, das uns Herr Bueck in der heutigen Ausschußsitzung gehalten hat, will aber nur ganz kurz Bezug nehmen auf das, was im Verlauf der vergangenen sieben Jahre alles von Herrn Bueck zu leisten war und geleistet worden ist. In diese sieben Jahre fallen die enormen Arbeiten, die dem Centralverband, namentlich seinem Geschäftsführer, aus der Aufstellung eines neuen autonomen Zolltarifs für das Deutsche Reich erwuchsen, die Arbeiten ferner, welche mit dem Abschluß der neuen Handelsverträge zusammenhängen, die Arbeiten, welche das immer dringender werdende öffentliche Interesse an den Syndikatsbestrebungen verursachte, die Arbeiten, welche mit der Kartellenquete verbunden waren, die Arbeiten, welche für den versuchten Zusammenschluß der deutschen Arbeitgeber gegenüber den Bestrebungen der Sozialdemokratie zu leisten waren und für welche Herr Bueck unermüdlich ins Zeug ging, und dann, um nur eins noch zu erwähnen, die Inangriffnahme und die Vollendung des heute schon von mir erwähnten großen dreibändigen Werkes über den Centralverband. Meine Herren, wenn auch der Centralverband einmal nicht mehr existieren sollte — dieses Werk Herrn Buecks wird kommenden Geschlechtern noch eine Fülle von Belehrung bieten (sehr richtig!), und den Namen seines Verfassers, welcher es verstanden hat, die Materie formell und sachlich meisterhaft und oft sogar in einer geradezu dramatisch wirkenden Art zu behandeln, als monumentum aere perennius auch späteren Geschlechtern erhalten. (Beifall.)

Meine hochverehrten Herren! Danken wir der Vorsehung, daß wir diesen Mann noch zu den Unseren zählen dürfen, daß wir die Geschäftsführung des Centralverbandes noch in seinen treuen Händen wissen, daß wir noch auf seine Worte hören und uns von ihm belehren lassen können. Wünschen wir ihm heute von ganzem Herzen Glück zu seinem 75. Geburtstage und knüpfen wir daran den Ausdruck unserer Hoffnung, daß es uns und ihm vergönnt sein möge, noch viele Geburtstage mit ihm zu feiern. (Beifall.)

Erheben Sie mit mir Ihre Gläser, meine Herren, und rufen Sie mit mir: Unser hochverehrter Herr Bueck, die beste Stütze des Centralverbandes und der treue Hüter der Interessen der deutschen Industrie, er lebe hoch! (Lebhafter Beifall.)

Geheimer Kommerzienrat Generaldirektor **Kirdorf**-Rheinelbe bei Gelsenkirchen: Meine hochverehrten Anwesenden! Mir ist der ehrenvolle und angenehme Auftrag geworden, bei der heutigen Vorfeier der nächsten Angehörigen unseres verdienten und hochverehrten Geburtstagsjubilars, der treuen Gattin und Lebensgefährtin, zu gedenken.

Leider bin ich nicht in der Lage, Ihnen aus eigener Kenntnis ein Bild dieser verdienten Dame und ihrer hervorragenden Eigenschaften zu entwickeln. Trotz der nahen Beziehungen, die mich mit unserm Geburtstagsjubilar seit langen Jahren verbinden — die aber namentlich auf geschäftlichem Gebiete liegen, wenigstens soweit sie die langen Jahre zurückliegen, wo ich, möchte ich sagen, als lernbegieriger Schüler zu ihm aufblickte —, so nahe ich ihn kenne, seit es mir durch die Berufung in das Direktorium des Centralverbandes Deutscher Industrieller zuteil geworden ist, Hand in Hand mit ihm zu arbeiten und ihm auch in seinen Familienbeziehungen näherzutreten, so sehr ich den Vorzug habe, viele seiner Angehörigen näher und gut zu kennen, so hat es leider der Gesundheitszustand der treuen Gattin nicht gestattet, daß diejenigen Bekannten, die ihm nicht von früher schon im Familienkreise nahe standen, ihr näher treten konnten.

Aber, meine Herren, wir brauchen ja nur uns der Verdienste unseres Geburtstagsjubilars zu erinnern, wie sie so treffend Herr Geheimrat Jencke uns heute geschildert hat, so werden wir, soweit wir selber den Vorzug haben, unter einer gewissen sanften Oberleitung im häuslichen Leben zu stehen (Heiterkeit), uns der Verdienste klar werden, die eine Gattin haben muß, daß sie ihren Gatten so frisch bis zum 75. Lebensjahre erhalten hat. (Beifall.) Meine Herren, alle diejenigen, die im öffentlichen Leben stehen, die in unserer Industrie die Kämpfe durchzumachen haben, in denen Herr Bueck uns ein leuchtendes Vorbild und ein Vorkämpfer ist, die wissen, welch ein großer Vorzug es ist, zu Hause die liebende sorgsame Hand zu finden, die die Falten der Stirn glättet und die Sorgen und Aufregungen abzumildern versteht, die der öffentliche Kampf bringt, und das, meine Herren, muß die hochverdiente Gattin unseres verehrten Herrn Bueck in reichem Maße verstanden haben, sonst hätte er die Kämpfe nicht überstehen können und nicht mit der Frische, wie gesagt, in dieses Alter treten können.

Bedenken wir, meine Herren, daß ihm auch die leiblichen Gefahren nicht ferngeblieben sind. Wieviele schwere Erkrankungen haben unseren hochverdienten Herrn Bueck schon getroffen! Ich erinnere mich mit Sorgen der Tage, wo uns die Nachricht zuging: seine letzte Stunde hat geschlagen, und, meine Herren, neugeboren haben wir ihn wieder unter uns aufrecht stehen sehen, und immer wieder haben wir uns seiner Frische erfreut, und das, meine Herren, ist gewiß ein Verdienst der liebenden Gattin, die ihm zur Seite gestanden hat, die ihm das Leben frisch und fröhlich, und soweit es möglich war und die äußeren Umstände es gestatteten, sorgenfrei gemacht hat.

Meine Herren, leider ist der treuen Gefährtin unseres hochverdienten Geburtstagsjubilars nicht die Frische des Leibes, die Gesundheit zuteil geworden, die wir Herrn Bueck zu unserer Freude schmücken sehen, leider leidet sie unter hartnäckiger ernster Krankheit. Aber wir wissen, wie die Angehörigen trotzdem noch heute sich ihrer liebenden, sorgenden Hand zu erfreuen haben, wie sie trotz ihres Krankseins und des Leidens, das sie quält, nicht die Lebensfreude, vor allem nicht die Freude des Sorgens für die Ihrigen verloren hat, und, meine Herren, wenn wir bedenken das, was uns Herr Bueck ist — ich will es nicht wiederholen nach den glänzenden und treffenden Worten, die vorhin gefallen sind —, wenn wir das bedenken und ihm Dank schulden, so danken wir es auch der treuen Lebensgefährtin (lebhafter Beifall), die ihn uns so erhalten hat, wie wir ihn heute sehen (erneuter Beifall), und, meine Herren, mit den aufrichtigen und herzlich dankbaren Glückwünschen, die wir unserem Geburtstagsjubilar heute zur Vorfeier widmen, bitte ich Sie alle, den Dank zu verbinden an die treu liebende Gattin, und unseren Geburtstagsjubilar zu ersuchen, unseren herzlichsten Dank und unsere Glückwünsche auch ihr zu überbringen.

In diesem Sinne, meine hochverehrten Anwesenden, bitte ich Sie, mit mir einzustimmen: Frau Bueck, sie lebe hoch! (Lebhafter, anhaltender. Beifall.)

Geheimer Kommerzienrat **Vogel**-Chemnitz: Meine sehr verehrten Herren! Nach den Reden, die hier schon gehalten wurden, besonders nach der meines verehrten Herrn Nachbars zur Linken (Geheimrat Jencke), die so klar die vielseitige große Tätigkeit unseres Geburtstagskindes beleuchtet haben, will es mir selbstverständlich schwer fallen, auch etwas zum Lobe unseres hochverehrten Herrn Bueck zu sagen. Aber ich glaube doch, daß Sie darin mit mir einig sind, daß im ganzen Deutschen Reich kein Mann für die Industrie mit größerem Verständnis, mit größerem Fleiß, mit unaufhaltsamerer Schaffenskraft tätig gewesen und erfolgreich tätig gewesen ist, als unser verehrter Herr Bueck. Meine Herren, mir kommt er immer vor wie eine Eiche, die mit mächtigem knorrigen Stamm noch alle ihre Aeste hat und die wohl, vom Sturm umrauscht, manchmal hin und her geschüttelt wird, aber immer auf demselben festen Boden bleibt. (Sehr gut! und Bravo!)

Meine Herren, ich glaube, es gibt keinen Vorkämpfer der Industrie, der heftiger angefeindet worden ist, der erbittertere Feinde gehabt hat und noch hat, als er; auf der anderen Seite — und das zeigt mir die schöne stattliche Tafelrunde, die hier sich um ihn vereinigt — hat er aber auch eine große Anzahl Freunde, die treu und fest zu jeder Zeit zu ihm stehen. (Beifall.)

Meine Herren, Sie sind sicher mit meinem verehrten Nachbar vollkommen einverstanden, wenn er sagte: er verdient ein Denkmal in unser aller Herzen und bei allen unseren Verbänden.

Man baut und man errichtet gewöhnlich kein öffentliches Denkmal zu Lebzeiten verdienter Männer, aber schon die Römer und Griechen, 2000 Jahre vor unserer Zeit, haben ihre großen Männer dadurch bei Lebzeiten verherrlicht, daß sie Münzen und Medaillen prägten, die deren Bildnis treulich wiedergaben. Wir würden, wenn wir die Schätze der Numismatik nicht hätten und wenn solche kleine Denkmäler eherner Art nicht auf uns gekommen wären, von manchem großen Manne, von dem die Geschichte und die Tradition erzählt, nicht wissen, wie er aussah, und deshalb, meine Herren, glaube ich, daß es ein glücklicher Gedanke Ihres Direktoriums war, nicht nur für sich und die Mitglieder des Centralverbandes, sondern auch für ihn, seine Angehörigen und die Nachwelt ihm ein kleines rundes ehernes Denkmal zu weihen, indem wir sein Konterfei auf eine Medaille prägen ließen. (Lebhafter Beifall.)

Ich habe mich, von dem Direktorium mit dieser Aufgabe betraut, mit größter Freude und Liebe derselben gewidmet. Leider kam die Idee sehr spät zum Ausdruck, und so mußte sie relativ übereilt werden und konnte nicht mit der Sorgfalt ausgeführt werden, die einen so verdienten Mann, wie unserem Herrn Bueck, gebührt. Trotzdem glaube ich, daß die Denkmünze ihm eine kleine Freude machen und Ihnen auch für die Zukunft ein liebes Andenken sein wird. Und wenn ich (sich zum Jubilar wendend), mein lieber, verehrter Freund, Ihnen hier für Sie selbst dies Bild überreiche, so hoffe ich, daß es Ihnen ein bleibendes Andenken an den Centralverband Deutscher Industrieller sein wird. (Dem Jubilar zwei Denkmünzen überreichend.) Diese für Ihre Frau Gemahlin, diese für Sie, und wenn ich die beiden Modelle, die gemacht wurden, um die Medaillen herzustellen, einrahmen ließ, als kleines Privatgeschenk von mir, so werde ich sehr erfreut und dankbar sein, wenn Sie sie freundlich entgegennehmen. (Beifall.) Das ist ein und derselbe Bueck, der eine mit der Brille und der andere mit klaren, offenen, nackten Augen. (Heiterkeit.) Der letztere ist mir lieber! (Lebhafter Beifall.)

Hüttenbesitzer **R. Vopelius**-Sulzbach, Mitglied des Herrenhauses: Es sind von diesen Medaillen 70 hier, die sich in der Verwahrung des Herrn Regierungsrats Leidig befinden. Dieselben sind für Geld und gute Worte zu erhalten. Allerdings das Geld wird doch etwas dabei pointiert. Wenn alle hier vergriffen sind, so können nachher immer noch solche Medaillen nachgeliefert werden. Ich darf daher diejenigen Herren bitten, welche eine solche zu haben wünschen, sich bei Herrn Regierungsrat Leidig zu melden.

Reichstagsabgeordneter Dr. **Beumer**-Düsseldorf: Ich folge nicht allein einer Aufforderung des Direktoriums, sondern ich folge vor allen Dingen auch dem Drange meines Herzens und einer von den Kollegen des Herrn Bueck an mich ergangenen Bitte, wenn ich Sie einen Augenblick ersuche, auch mir zu gestatten, ein paar Worte über den Jubilar zu sagen. Sie sollen kurz sein.

Ich habe ja das Glück — oder wenn Sie wollen das Unglück — in dem Herrn Bueck meinen Amtsvorgänger zu besitzen. (Heiterkeit.) Das Unglück stellte sich mir 1887 insofern vor Augen, als ein damals im öffentlichen Leben stehender Mann mir auf die Mitteilung, daß ich das Amt des Herrn Bueck nach einer auf mich gefallenen Wahl angenommen habe, erwiderte — er hielt das für einen Glückwunsch —: Sie werden das nie erreichen, was Ihr Vorgänger geleistet hat. (Heiterkeit.) Ich habe auf diesen außerordentlich liebenswürdigen Glückwunsch geantwortet, niemand könne mehr als ich davon überzeugt sein, daß dies völlig richtig sei und daß ich nicht erreichen würde, was mein Vorgänger geleistet, daß ich mich aber doch freue, wenigstens einem so außerordentlich tüchtigen Mann, wie es mein Amtsvorgänger gewesen sei, nachstreben zu können und zu wollen. (Beifall.) Und das glaube ich, meine Herren, wird heute in der deutschen Kollegenschaft des Herrn Bueck noch die einstimmige Meinung sein, daß wir uns freuen können, einen Kollegen zu besitzen, der in mehr als einer Richtung vorbildlich für uns geworden ist, nicht allein in der ihm von Herrn Geheimrat Jencke mit so außerordentlichem Recht nachgerühmten Arbeitstreue und der großen Auffassung der ihm obliegenden Aufgaben, sondern vor allen Dingen auch darin vorbildlich, daß er jedem von uns die Richtung geschaffen hat, in der wir zu wirken haben, und daß er dadurch dem Stande der in der Praxis tätigen Volkswirtschaftler ein Ansehen verschafft hat, das wenigstens in den vernünftigen Kreisen unseres Vaterlandes (sehr gut! und Heiterkeit) gewürdigt wird. Und, meine Herren, auch darin ein Vorbild, daß Bueck aus der großen Zeit stammte, in der er der nationalen Wirtschaftspolitik des größten Geschäftsführers, den Deutschland jemals gehabt hat, des Fürsten Bismarck, zum Siege verhalf (Beifall); auch darin ein Vorbild, daß er uns Jüngere mit erzogen hat zu der Liebe und Verehrung des großen Mannes, der nur allzu früh unter die Eichen des Sachsenwaldes gebettet wurde.

Und endlich war und ist Bueck uns Kollegen ein Vorbild als Mensch. Wohl wissen wir, daß dieser heute seinen 75jährigen Geburtstag feiernde Mann einen eigentümlich harten, ostpreußischen Schädel hat. (Heiterkeit. — Zuruf: Hat er!) Aber wir, die wir mit ihm oft die Waffen gekreuzt haben, wissen auch ebenso, daß er stets zu den Leuten gehörte, die nach beendeter Schlacht das Kriegsbeil zu begraben wußten und die Friedenspfeife anzündeten, deren Freund unser Bueck in der Form der importierten Havanna (Heiterkeit) bis heute noch in so hervorragendem Maße geblieben ist. (Anhaltende Heiterkeit.)

Und wenn wir nun daran einen Wunsch und eine Hoffnung knüpfen, so geht der erstere dahin, daß unser alter Kollege uns die Freundschaft, die er uns, den Jüngeren, Jahre hindurch bewiesen hat, noch lange Jahre erhalten möge, und damit verbindet sich von selbst die Hoffnung, daß er noch lange das Amt verwalten möge, das, wie Herr Geheimrat Jencke sagte, in keinen treueren Händen liegen kann als in den seinen. Deshalb, meine Herren von der Tafelrunde, werden Sie sich dem Wunsche, den die Kollegen des Herrn Bueck ihm durch meinen Mund soeben dargebracht, wie ich hoffe, gern anschließen und werden mit mir vielleicht den besten gemeinsamen

Ausdruck ihrer Wünsche und Hoffnungen, die sich mit den unsrigen begegnen, in dem alten Bergmannsrufe finden: Glückauf! (Lebhafter Beifall.)

Reichstagsabgeordneter **von Kardorff**-Wabnitz: Meine Herren, es ist mir leider durch meine parlamentarischen Pflichten erst etwas spät möglich geworden, in diese Ihre Versammlung eintreten zu dürfen, zu der Sie die Güte gehabt haben, mich einzuladen.

Wenn ich zurückdenke, wie vor 30 Jahren wir den Centralverband Deutscher Industrieller begründeten, so denke ich mir: was haben wir seit der Zeit alles über uns ergehen lassen und erleben müssen, und wenn auf irgend jemand das Wort paßt, wenn das Leben köstlich ist, so ist es Mühe und Arbeit gewesen, so paßt es auf unseren verehrten Freund Herrn Bueck. (Zustimmung und Beifall.) Sein Leben ist ein köstliches gewesen, denn er kann mit Stolz auf dasselbe zurückblicken. Aber, meine Herren, Mühe und Arbeit ist es gewesen, und ich hoffe, daß seine Nachfolger in demselben Sinne an der Fortentwickelung des Centralverbandes arbeiten werden, wie er es in saurer Arbeit fertig gebracht hat.

Meine Herren, wir fingen damals ganz klein an. Ich weiß noch, bei einer Versammlung hier in der Mohrenstraße waren vielleicht zwanzig Mitglieder da. Ich möchte bei dieser Gelegenheit des Herrn Lohren gedenken, der der erste war, der den Gedanken hineinwarf: die Industrie darf nicht für sich allein gehen, sondern sie muß mit der Landwirtschaft vereint gehen (Beifall), erst dann ist sie mächtig genug, um dem Freihandel entgegenzutreten — ich möchte hinzufügen: und heute der Sozialdemokratie entgegenzutreten (Zustimmung und Beifall), denn das ist der Beruf, der uns jetzt zugewiesen ist — derjenigen Sozialdemokratie, die unseren Staat allmählich immer mehr auszuhöhlen bemüht ist, damit die festen Säulen locker werden und das Ganze so zusammenstürzt, wie wir jetzt den Zusammensturz in unserem großen Nachbarreiche erleben. Wir werden ihn bei uns hoffentlich nicht erleben. (Zustimmung.)

Ich habe eben dem Abgeordneten Bebel, der da meinte, bei uns wird es auch so gehen, erwidert: wir haben noch gute Pfeiler. Wir haben erstens ein Schulwesen, wie es kein Staat der Welt hat — kein Staat der Welt hat ein solches Schulwesen wie Deutschland. — Wir haben eine Rechtspflege von unparteiischen Richtern, unbestechlich, wie sie kein Staat der Welt hat. (Sehr wahr!) Wir haben eine soziale Fürsorge, wie sie kein Staat der Welt hat. (Beifall.) Wir haben eine Verwaltung, gewissenhaft, ordentlich (sehr richtig!), wie sie kaum ein Staat der Welt hat, und endlich haben wir eine Armee, die heute noch den Vergleich mit allen Armeen, wie ich glaube, aushalten kann. (Zustimmung und Beifall.) Ob sie es in zwanzig Jahren kann, wenn die Aushöhlung durch die Sozialdemokratie auch in die Armee dringt, das ist fraglich (sehr richtig!), und deshalb ist denjenigen Herren, die als Nachfolger die Tätigkeit des Herrn Bueck aufnehmen werden, die große Aufgabe gestellt, unser Vaterland vor der drohenden Gewaltherrschaft, vor dem Terrorismus der Sozialdemokratie mit zu bewahren. (Lebhafter Beifall.)

Wir können das nur durch innige Vereinigung mit der Landwirtschaft, und ich hoffe, daß die Nachfolger des Herrn Bueck auch in diesem Sinne ihre Aufgabe auffassen und mit der Landwirtschaft innige Verbindung halten werden.

Und nun erlauben Sie mir als ältestem Mitgliede des Centralverbandes der Industriellen, daß ich Sie bitte, den Centralverband als solchen leben zu lassen. (Beifall.) Er hat sich als lebensfähig erwiesen und wird sich hoffentlich als kräftig auch in Zukunft erweisen. Er lebe hoch! (Lebhafter Beifall.)

Regierungsrat Dr. **Leidig**-Berlin: Meine geehrten Herren! Gestatten Sie mir namens des Bureaus des Centralverbandes Deutscher Industrieller und der Hauptstelle Deutscher Arbeitgeberverbände, aller Beamten, die in täglichem Zusammenarbeiten mit Herrn Bueck, mit ihm bis zu diesem Tage tätig gewesen sind, ihm unseren herzlichsten und innigsten Glückwunsch auszudrücken.

Meine sehr geehrten Herren! Sie alle werden Herrn Bueck ja kennen an den Höhepunkten der Tätigkeit unseres Centralverbandes, an den Höhepunkten auch der Hauptstelle Deutscher Arbeitgeberverbände, an den großen Festtagen und Arbeitstagen, die wir in den Ausschußsitzungen und Delegiertenversammlungen haben. Aber wir, die wir mit Herrn Bueck täglich zusammen wirken, wissen, wie es gelingt und was für eine Arbeit notwendig ist, um diesen Höhepunkt zu erreichen, um diese großen Versammlungen in glücklicher Weise zu ihrem Ziele zu führen.

Meine sehr geehrten Herren, gestern war die erste Konferenz um 9 Uhr morgens angesetzt worden, und wir haben dann den ganzen Tag über verhandelt, und als ich gestern um ½9 Uhr abends das Bureau des Centralverbandes verließ, da saß Herr Bueck dort und arbeitete noch einmal sein Referat, das er heute gehalten hat, durch, und, meine Herren, wenn ich Herrn Bueck so kenne, wie ich ihn, seine tägliche Arbeit seit drei Jahren kenne, dann kann ich annehmen, daß er heute morgen, ich weiß nicht, ob es 5 oder 6 Uhr gewesen ist — später ist es jedenfalls nicht gewesen — noch einmal sein Referat angesehen und durchgearbeitet hat.

Meine hochgeehrten Herren! Es gehört eine Fülle von Kleinarbeit dazu, um einen Verein, der aufgebaut ist auf der Freiwilligkeit aller seiner Mitglieder, immer in dem Kampf der entgegengesetzten Interessen aufrecht zu erhalten (sehr wahr!), und nachdem ich nunmehr seit drei Jahren nicht nur in täglicher Arbeit mit Herrn Bueck gemeinsam tätig bin, sondern wohl sagen darf: es gibt keinen Gedanken, keinen Plan, keine Empfindung, keine Befürchtung, die wir in diesen drei Jahren nicht zusammen durchgesprochen haben, die wir nicht zusammen erörtert haben, so kann ich wohl erklären: es gibt nichts in der ganzen weiten Entwickelung des wirtschaftlichen und kulturellen Lebens des deutschen Vaterlandes und unserer deutschen Kulturwelt, was Herrn Bueck nicht in seinem hohen Alter in Jugendfrische bewegt, interessiert, erfaßt und begeistert. (Beifall.)

Meine hochgeehrten Herren, aus der antiken Tragödie klingt ein resigniertes Wort zu uns herüber, das besagt: man darf keinen Menschen glücklich preisen vor seinem Tode. Aber ich möchte glauben, ich darf es wagen, Herrn Bueck heute glücklich zu preisen. (Zustimmung.) Gewiß, er hat in seinem Leben Schmerz und Kummer, Sorge und Leid empfunden, ihm ist Liebes weggenommen worden, und er hat ernste, traurige Stunden erlebt. Auch die Jahre, die seinem Eintritt in die Industrie vorangingen, sind Jahre gewesen, die tiefe Furchen in sein Herz und seine Seele eingezeichnet haben. Aber wenn ich zurückblicke über sein Leben als Ganzes, dann möchte ich sagen: ich bin berechtigt, ihn glücklich zu preisen, denn, meine Herren, darf ich nicht denjenigen Mann glücklich preisen, der sich eingezeichnet hat in unsere Geschichte, der, wenn einmal die Kultur- und wirtschaftliche Geschichte des neuen Reiches geschrieben wird, darin steht als einer der Mitarbeiter unseres alten Kaisers, unseres großen Bismarck, der mitgeholfen hat, die wirtschaftliche und Kulturentwickelung des Deutschen Reiches zu begründen? (Beifall.) Das, meine Herren, wird geschehen, sofern wir eine objektive Geschichtsschreibung erhalten.

Mein hochgeehrter Herr Bueck, ich darf Sie bitten, uns, Ihren Mitarbeitern, auch fernerhin zu gestatten, daß wir mit Ihnen zusammenarbeiten dürfen zum Wohle der deutschen Industrie und damit zum Wohle des deutschen Vaterlandes. (Beifall.)

Meine hochgeehrten Herren! Ich darf im Anschluß daran die vielen Glückwünsche mitteilen, die heute hier eingegangen sind.

(Die Verlesung der zahlreichen schriftlichen und telegraphischen Glückwünsche erfolgte nun.)

Geschäftsführer **Bueck**-Berlin: Meine hochgeehrten Herren! Bis vor wenigen Tagen habe ich von diesem Fest, das mir heute bereitet worden ist, eigentlich keine Ahnung gehabt, das beweist der Umstand, den mein Mitarbeiter Herr Regierungsrat Leidig bestätigen kann, daß, als er mir berichtete über die Schwierigkeiten, für den heutigen Tag einen Saal zu finden, in dem auch gemeinschaftlich gegessen werden könnte, ich sagte: nun, dann halten wir einmal eine Ausschußsitzung ab und essen nicht zusammen. Er machte eine eigentümliche Miene dazu, und allmählich ist mir dann klar geworden, daß die Herren und namentlich mein hochverehrter, mir stets mit so großem Wohlwollen begegnender Herr Vorsitzender für heute etwas geplant hatten. Ich muß sagen, daß das heutige Fest — mag meine Lebenszeit nur noch Tage dauern, oder vielleicht noch auf ein paar Jahre bemessen sein — eine der schönsten Erinnerungen sein wird, um so mehr, da ich weiß, daß der Herr Vorsitzende selbst persönlich das größte Interesse für die Gestaltung desselben gehabt hat. Ich danke ihm wirklich in herzlicher Weise für diesen Beweis seiner Freundlichkeit und seines gütigen Wohlwollens.

Dann haben hochverehrte Herren, ein lieber Freund und mein bewährter Mitarbeiter so viele freundliche Worte mir gesagt, daß es mir unmöglich ist, sie alle in genügender Weise zu erwidern. Eins aber steht fest, daß das, was gesagt worden ist, doch nur zum geringen Teil auf mich zutrifft. (Lebhafter Widerspruch.)

Freilich, meinen lieben und verehrten Mitarbeitern bin ich für die Treue, mit der sie zu mir halten und die Unterstützung, die sie mir gewähren, von Herzen dankbar. Wenn auch Herr Geheimrat Jencke in Zweifel gezogen hat, ob es richtig ist, wenn ich behaupte, nicht mehr auf der Höhe zu stehen, so weiß ich doch ganz genau, daß das nicht mehr der Fall ist, und daß ich meine Pflicht nicht mehr in dem Grade erfüllen könnte, wenn ich nicht die Unterstützung derjenigen Herren hätte, die der Centralverband, das Direktorium mir in freundlicher Weise zur Seite gestellt hat.

Es haben sich eben die Zeiten des Centralverbandes wesentlich geändert. Viele Jahre habe ich mit meinem späteren lieben Schwiegersohn Syndikus Hirsch und einem oder zwei Schreibern die Arbeit des Centralverbandes besorgt. Wir waren damals sehr ängstlich den Centralverband mit Kosten zu belasten, und als er, der mir so viele Jahre treu zur Seite gestanden hat, mich endlich verließ, um sich einen bedeutenden Wirkungskreis zu schaffen, da kamen vier Jahre, die erst recht schwer für mich waren, da es mir nicht gelungen war, eine glückliche Wahl bezüglich meiner Beihilfe zu treffen. Also ich weiß besser als alle anderen, daß ich auf die Mitwirkung und Hilfe meiner Mitarbeiter angewiesen bin.

Und dann mein lieber Kollege Beumer, mit dem mich ein aufrichtiges, treues Freundschaftsband verbindet und meine anderen Kollegen — ich weiß ja, daß ich auf ihre Nachsicht und Unterstützung zu rechnen habe, und wenn mein Freund Beumer sagt, ich sei ein Vorbild gewesen — nun, meine Herren, so ist das nicht ganz richtig. Viele von ihnen, alle möchte ich beinahe sagen, haben an positiven Kenntnissen einen viel reicheren Schatz hinter sich, der ihnen auch viel hilft, um ihre Pflicht zu erfüllen. Bei mir ist es die in den langen Jahren gesammelte Erfahrung, die es mir ermöglicht, mich an ihre Seite zu stellen.

Dem Herrn Geheimrat Kirdorf bin ich unendlich dankbar für die liebenswürdigen und freundlichen Worte, die er meiner armen kranken Frau gewidmet hat. Sie hat viel, viel schweres mit mir getragen und immer treu und hilfreich zu mir gestanden.

Herr Geheimrat Vogel, Sie haben sich stets mir als ein wohlwollender Freund erwiesen, und für das schöne Andenken, das Sie im Auftrage und unter Mitwirkung des Direktoriums mir gestiftet haben, sowie für Ihre so überaus freundlichen Worte, sage ich Ihnen herzlichen Dank.

Und nun, mein früherer hochverehrter Herr Vorsitzender: Herr Geheimrat Jencke, der Sie mir so viele Jahre und auch jetzt noch immer fortdauernd ein großes Wohlwollen erwiesen haben, Ihnen danke ich für Ihre freundlichen Worte; aber auf Sie muß ich das, was ich vorher andeutete, erst recht beziehen. Es war zu viel, was Sie die Güte hatten mit Bezug auf mich zu sagen. Denn, wenn es mir gelungen ist, für die Industrie etwas zu tun, wenn es mir gelungen ist, in gewißem Grade etwas für sie zu leisten, so trifft das Verdienst nicht meine Person, sondern eine ungemein günstige Kombination der Verhältnisse. Wie bei allen Menschen, die sich nicht auf der untersten Lebensstufe bewegen, die Erziehung mit die Hauptsache bildet, so auch bei den Geschäftsführern industrieller und wirtschaftlicher Vereine; und ich habe das außerordentliche Glück gehabt, in dieser Richtung eine wunderbare Erziehung zu genießen.

Meine Herren, als ich im Jahre 1873 berufen wurde, in den Dienst der Industrie zu treten, da begannen gerade die furchtbar schrecklichen Zeiten, die schwere Krisis, die Jahr für Jahr die Industrie dezimierte. Das war die Zeit, in der die Hochöfen einer nach dem anderen ausgelöscht wurden, die Schornsteine einer nach dem anderen aufhörten zu rauchen und die Fabriken begannen, in Trümmer zu zerfallen. Das war die schreckliche Zeit, in der jeder einzelne vom Schicksal erfaßt und aufgerüttelt wurde zu der Erkenntnis, daß all das Elend und der Jammer herstammte von den verkehrten Wegen, die unsere Wirtschaftspolitik eingeschlagen hatte. Da waren es die besten Männer, die die rheinisch-westfälische Industrie, die größte unseres Vaterlandes, aufzuweisen hatte, die sich zusammentaten, die mit vielen anderen zu der Erkenntnis gelangt waren, daß das Wohl des Einzelnen doch wesentlich von der Gestaltung der allgemeinen Verhältnisse abhängt; die sich zusammentaten, um einzuwirken auf den Gang der öffentlichen Angelegenheiten und speziell auf die Umkehr unserer Wirtschaftspolitik. Diese Herren, wie gesagt, die besten in unserer Industrie, nahmen sich meiner Erziehung an, nicht in Bezug auf ernste Pflichterfüllung — das war schon geschehen durch die Not des Kampfes ums Dasein. Denn auch ich habe als Landwirt schwere Zeiten hinter mir; die Jahre 1867 und 1868 wird kein ostpreußischer Landwirt, der sie noch erlebt hat, vergessen. Mir stand das Wasser bis an den Hals und nur die äußerste Kraftanstrengung und Energie vermochte mich vor dem vollständigen Untergang zu retten; da habe ich ernste Pflichterfüllung gelernt. Aber jene Männer erzogen mich zu der Erkenntnis der Interessen der Industrie und zu der Erkenntnis der Wege, die einzuschlagen waren, um diese Interessen würdig und wirkungsvoll zu vertreten und ihnen zu nützen, und neben dieser Erziehung ging noch ein anderes.

Ich hatte den Vorzug vielleicht vor manchen anderen meiner Genossen, daß ich als reifer Mann selbst in der Praxis gearbeitet habe. Auch ich habe Hunderte von Arbeitern kommandiert, auch ich kenne vollständig die große Verantwortung dessen, dem die Sorge für einen kostbaren Betrieb anvertraut ist. Diese praktische Tätigkeit durch eine ganze Reihe von Jahren im reifen Alter hat mich vielleicht besonders befähigt, die Lehren aufzunehmen, die mir von meinen Erziehern erteilt wurden, mich besonders befähigt, schnell das zu erfassen, worauf es im gegebenen Momente ankam, und danach zu handeln.

Also, meine Herren, Sie sehen, daß es nur eine Kombination außerordentlich günstiger Verhältnisse gewesen ist, die mich befähigt hat, meine Pflichten im Dienste der Industrie so zu erfüllen, daß es mir gelungen ist, die Zufriedenheit derer zu erlangen, die über mir in der Industrie standen und die mit mir für die Interessen der Industrie gekämpft haben.

Meine Herren, in allen den Aeußerungen hier ist mir viel Ehre erwiesen und viel Freude bereitet. Aber ich kann sagen: die höchste Ehre und die größte Freude ist mir heute dadurch bereitet worden, daß der Gründer des Centralverbandes Deutscher Industrieller, Herr von Kardorff, heute nach vielen, vielen Jahren wieder in dem Kreise der Mitglieder des Centralverbandes erschienen ist. (Lebhafter anhaltender Beifall.)

Meine Herren, ich habe mir erlaubt, Ihnen in kurzen Worten die Not der Zeit zu schildern, die in den siebziger Jahren für die Industrie eingetreten war. Damals waren die Industriellen niedergedrückt, waren die Repräsentanten der Industrie mutlos geworden in den vergeblichen Kämpfen, in den schweren Sorgen, die sie für sich, die sie für ihre Werke, nicht zum wenigsten für ihre Arbeiter, zu tragen hatten — mutlos sage ich. Da erschien Herr von Kardorff auf dem Plan, und die Fanfare, die durch die Nation ging, war seine ewig denkwürdige Broschüre: „Gegen den Strom" (Beifall), und sie ermutigte die Industrie, sich zu erheben und in schweren Kämpfen diejenigen niederzurennen, die dem Gedeihen des deutschen Wirtschaftslebens entgegenstanden.

Meine Herren, was waren das für Zeiten, in denen ein hervorragender Abgeordneter die Eisenindustriellen, die baten, ihren gänzlichen Ruin doch dadurch abzuwenden, daß man ihnen noch ein paar Jahre den Zoll lassen möchte, von der Tribüne des Reichstages verglich mit den Bettlern, die an den Straßen liegen und ihre Wunden aufreißen, um das Mitleid der Passanten zu erringen! Das war derselbe Abgeordnete, der 1875 in derselben Rede auch sagte: Wer spricht heute noch von Schutzzoll, wer hält diese Doktrin noch aufrecht? kein deutsches Katheder kennt sie mehr — und er hatte recht. Aber der Ruf, der von Herrn von Kardorff ausging, er rüttelte die Industrie auf zu großen Taten. Herr von Kardorff wußte, daß ein Einigungspunkt notwendig war, er schuf den Centralverband Deutscher Industrieller als einen solchen, er proklamierte die Parole der Solidarität, unter deren Flagge der Sieg errungen würde — der Sieg auch mit Hilfe unseres großen alten Reichskanzlers, den zu überzeugen wohl auch die ernsten Arbeiten des Centralverbandes wesentlich beigetragen haben. (Lebhafter Beifall.)

Meine Herren, wenn Sie einen Mann suchen, der sich verdient gemacht hat um die deutsche Industrie in einem Grade, wie noch nie ein anderer, so lenken Sie Ihre Blicke auf Herrn von Kardorff. (Beifall.) Ich bin überzeugt, wenn seine Tage beendigt sein werden, was von einer gütigen Vorsehung noch lange hinausgeschoben werden möchte, daß dann die deutsche Industrie es sich nicht nehmen lassen wird, in einem Denkmal von Erz den nachkommenden Geschlechtern zu zeigen, was Herr von Kardorff für sie getan hat. Auf dem

Sockel von Granit werden, tief eingegraben die Worte stehen: „Gegen den Strom" als Mahnung an die Industrie, alle Zeit für ihre Interessen einzutreten, wenn es sein muß im äußersten Kampfe. (Lebhafter Beifall.)

Meine Herren, ich glaube meinen Dank für den heutigen Abend nicht besser Ausdruck geben zu können, dem tiefen Danke, den ich allen Herren zolle, die so zahlreich hier erschienen sind, um diesen Abend, um diesen Tag mir zu verherrlichen — ich glaube nicht besser diesen Dank aussprechen zu können, als wenn ich Sie auffordere, dem Wohltäter der deutschen Industrie, dem großen Manne, der sie gerettet hat, Ihren Dank durch ein Hoch auszubringen. Herr von Kardorff, er lebe hoch! (Lebhafter Beifall.)

Kommerzienrat **Semlinger**-Bamberg: Meine hochverehrten Herren! In dem ersten heute zur Verlesung gekommenen Telegramm wird Bezug genommen auf die Gratulation, die ich namens des Vereins Süddeutscher Baumwollindustrieller dem Herrn Generalsekretär hätte überbringen sollen. Es ist nicht meine Schuld, wenn das so spät geschieht. Es wurde mir von dem Herrn Vorsitzenden des Direktoriums mitgeteilt, daß die „wilden" Toaste erst später kommen sollten. Ich habe deshalb abgewartet, und die Verlesung des Telegramms ist meinen Worten vorausgegangen.

Es ist mir ein außerordentliches Vergnügen, und ich fühle mich beglückt, daß ich in der Lage bin, persönlich dem Herrn Generalsekretär Bueck, unserm hochverehrten Herrn Jubilar, in meinem eigenen Namen und im Namen meines Vereins die herzlichsten Glück- und Segenswünsche auszusprechen.

Es ist von den Verdiensten des Herrn Generalsekretär Bueck heute von autoritativer Seite in so umfangreichem Maße und so eingehend Mitteilung gemacht worden, daß ich mich darauf beschränken kann, vielleicht einen Punkt zu erwähnen, der bis jetzt weniger berührt worden ist: ich meine das Verhältnis zu Süddeutschland.

Die Mainlinie ist seit Jahrhunderten die Grenzscheide zwischen dem Süden und dem Norden. Sie teilt nicht nur geographisch und politisch das Deutsche Reich, sondern auch in Bezug auf das Wesen und die Charaktereigentümlichkeiten, das Volk und die Stämme. Der Norden zeichnet sich aus durch die außerordentliche Zähigkeit seines Handelns, durch die Energie, durch die Tatkraft, durch das Bewußtsein dessen, was er will — ich will gerade nicht „von den ostpreußischen harten Köpfen" sprechen. Der Süden läßt sich teilweise durch das Gemüt leiten, und wenn seit Jahrhunderten vielleicht schon gesagt wird, daß die Deutschen Träumer seien, so dächte ich, es wird kein Widerspruch erhoben werden, wenn ich annehme, daß das den Süden von Deutschland betrifft. Wir sind ja immer Träumer gewesen bis vor nicht langer Zeit. Aber eine mächtige Persönlichkeit, ein Mann, der in Süddeutschland gehaßt wurde wie irgend jemand, und der dann vergöttert worden ist wie kein anderer, der große Reichskanzler Bismarck (Beifall) hat uns aus unseren Träumen aufgerüttelt (Beifall) und geweckt haben uns der Kanonendonner von Sadowa und die Schlachten, die wir geschlagen haben im Jahre 1870, der Süden und Norden gemeinschaftlich, und die dann ein Kaiserreich gegründet haben, groß und mächtig und für alle Zukunft stark.

Seitdem ist die Mainlinie ein geographischer Begriff geblieben. Nicht nur auf politischem Gebiete, auch in anderer Beziehung wurden über den Main Brücken geschlagen, die das Leben des Nordens und des Südens verbinden. Sie sind vom Norden geschlagen und vom Süden. (Beifall.)

Eine der begangensten und breitesten Brücken ist geschlagen worden vom Centralverband, und wenn ich den Centralverband nenne, dann denke ich in erster Linie des süddeutschen Mannes, der wie kein anderer seine Energie aufgewendet hat, um mitzuwirken auf dem Gebiete der Industrie. Der verehrte Jubilar hat heute in seiner glänzenden Rede schon des Mannes gedacht, und ich glaube, ich brauche seinen Namen eigentlich garnicht zu nennen: — Reichsrat Haßler, der uns, dem Centralverbande, viel zu früh entrissen worden ist, hat das Seinige dazu getan, um den Centralverband zu einer großen und mächtigen Institution Deutschlands zu machen.

Wenn ich den Centralverband nenne, so glaube ich auch, daß das identisch ist mit dem Herrn Jubilar. Der Herr Jubilar hat seit Bestehen des Centralverbandes Hervorragendes geleistet, um ihn nach allen Windrichtungen, in jeder Beziehung zum Besten zu gestalten. Es wurden besonders nach dem Süden seine Fäden ausgesponnen und bis in die fernsten Teile von Süddeutschland wird sein Name genannt, bis dorthin, wo die stolzen Berge ihre schneeigen Gipfel zum Himmel heben.

Ich glaube, meine Herren, es ist nicht notwendig, daß ich nach allem, was über die Verdienste des Generalsekretärs, des verehrten Herrn Jubilars, schon gesagt worden ist, mich noch weiter über seine Verdienste verbreite. Ich möchte nur wünschen in meinem Namen und im Namen des Verbandes Süddeutscher Baumwollindustrieller, daß es dem Herrn Generalsekretär noch von einem gütigen Geschick gegönnt sein möge, recht lange so und in dem Geiste zu wirken, wie er in seinem seitherigen Leben gewirkt hat zum Segen der Industrie und zum Segen des ganzen großen deutschen Vaterlandes. (Beifall.)

In diesem Sinne möchte ich bitten, meine verehrten Herren, mit mir das Glas zu erheben und einzustimmen in den Ruf: Der Herr Generalsekretär Bueck, eine der Hauptstützen der deutschen Industrie, er lebe hoch!

III.

Betrachtungen
über die
sozialpolitischen Vorgänge im ablaufenden Jahre.*)

Von H. A. Bueck.

Berlin, den 25. Dezember 1905.

Das in wenigen Tagen ablaufende Jahr 1905 war reich an bedeutungsvollen und kennzeichnenden Ereignissen auf den Gebieten der sozialen Verhältnisse und der Sozialpolitik. Die Arbeiterbewegung, die Haltung der Regierung und der Arbeitgeber zu ihr, die Kongresse der Sozialdemokraten in Jena, der bürgerlichen Sozialisten in Mannheim, und gegen den Schluß des Jahres im Reichstag gehaltene große inhaltreiche Reden — alles das gibt Stoff zu ernsten Betrachtungen.

Kennzeichnend für das Jahr 1905 ist die ungemein starke, angreifende Ausstandsbewegung der Arbeiter. Sie ging fast ausnahmslos von den Gewerkschaften aus, und brüderlich in Haltung und in den verfolgten Zielen gingen meistens die sogenannten christlichen Gewerkvereine mit den Gewerkschaften der Sozialdemokratie zusammen. Die ersteren sind von vielen Arbeitgebern wegen der falschen, die öffentliche Meinung irreführenden Flagge der Christlichkeit als die gefährlicheren erkannt worden.

Das Jahr begann mit dem Ausstande der Bergarbeiter im Ruhrrevier, dem größten, der je auf dem Kontinent stattgefunden hat. Seit dem Ausstande im Jahre 1889 war im Revier unablässig gehetzt worden; auch hierbei war ein Unterschied zwischen den christlichen und sozialdemokratischen Hetzern in Wort und Schrift nicht erkennbar gewesen. In hohem Maße erstaunlich war die Wirkung dieser systematisch lange Jahre hindurch betriebenen Hetzarbeit. Es war vollständig gelungen, bei den Arbeitern eine Wahnvorstellung zu erregen von weitverbreiteten Mißständen, die nach der amtlichen Feststellung garnicht oder nur in sehr geringem Maße ganz vereinzelt vorgekommen waren,

*) Aus der „Deutschen Industrie-Zeitung" Nr. 52 vom 29. Dezember 1905.

bei Arbeitern, die zu den bestbezahlten in der Industrie gehören, von einer unerträglich kümmerlichen, elenden Lage. Die Hetzarbeit hatte hauptsächlich die Ausbreitung der Organisation bezweckt; die Wahnvorstellung führte zum Ausstand, sehr gegen den Willen der Hetzer und Führer. Denn die Kassen, die erst durch die fortschreitende Organisation gefüllt werden sollten, waren noch bedenklich leer. Aber hier, wie auch bei späteren, anderen großen Ausständen, gingen die Massen den Führern aus der Hand. Wollten diese an der Spitze bleiben, mußten sie mitmarschieren; sie taten es gegen ihre Ueberzeugung. Rund 200 000 Bergarbeiter traten in den Ausstand.

Willkürlich zusammengelaufene Versammlungen stellten in der Erregung weitgehende, unerfüllbare Forderungen und wählten zu ihrer Vertretung die bisherigen Hetzer und Führer. Mit diesen, die, wie sich gezeigt hatte, keine Macht über die Massen hatten, sondern nur deren willenlose Werkzeuge waren, sollten die Arbeitgeber verhandeln. Das zu tun weigerte sich die Gesamtheit der Arbeitgeber mit unbeugsamer Festigkeit; aber jeder einzelne Arbeitgeber war bereit, mit seiner eigenen Arbeiterschaft zu verhandeln. Und nun begannen die merkwürdigen Begleiterscheinungen bei diesem gewaltigen Ausstande hervorzutreten.

Die von einer parteiischen Berichterstattung irregeführte öffentliche Meinung richtete sich mit bis dahin noch niemals beobachteter Einmütigkeit und Schärfe gegen die Arbeitgeber. Das Gleiche tat die Mehrheit im Reichstage, taten die mit ihr verwandten Parteien im Hause der Abgeordneten; eine andere Meinung wäre nicht populär gewesen. Der Ansturm gegen die ohne Verfahren und ohne Beweis als allein Schuldige, als Frevler verurteilten Arbeitgeber war gewaltig.

Diesem Ansturm vermochte die Regierung nicht zu widerstehen; mit einem gesetzgeberischen Eingriff bewahrte sie den Streik vor dem unfehlbar in kürzester Zeit bevorstehenden schmählichen Zusammenbruch, rettete sie die Sozialdemokratie und die Christlichen vor einer furchtbar schweren Niederlage, gab sie den Hetzern und Führern voll begründete Veranlassung, sich der Masse als Sieger über die Regierung darzustellen, als Sieger, die mit weiser Mäßigung den Kampf nur abgebrochen hatten, um ihn, wenn ihr Wille nicht geschehe, sofort wieder aufzunehmen.

Dieser gesetzgeberische Eingriff, die Berggesetznovelle, ist als schwerer Fehler damals sofort vom Centralverband bezeichnet worden, jetzt wohl von sehr weiten Kreisen als solcher anerkannt. Dieses Gesetz hat den Hetzern neuen Stoff in Fülle zu ihrer verhängnisvollen Arbeit geboten, die Unruhe und Erregung in den Kreisen der Bergarbeiter erhalten und gesteigert. Dieses Gesetz bezeichnete der Abgeordnete Bebel in der 12. Sitzung des Reichstages vom 14. Dezember als „eine Berggesetznovelle, die, wie heute feststeht, den höchsten Unwillen der großen Mehrheit der Bergarbeiter erregt hat".

Gegen den entschiedenen, eindringlichsten Widerspruch der Arbeitgeber und ihrer Vertretungen bestand die Regierung darauf, die Einführung der Arbeiterausschüsse, zunächst im Bergbau, obligatorisch zu machen, selbstredend in der Annahme, den Arbeitern damit weit entgegen zu kommen. Aber damit hat sie nur Stoff zu einer neuen scharfen Agitation geliefert. Bebel teilte in derselben Rede mit, daß der sozialdemokratische Bergarbeiterverein, wie der christliche Gewerkverein für die Wahl der Ausschüsse Wahlenthaltung als Parole ausgegeben hatte. Er wies ziffernmäßig die verschwindende Beteiligung der Bergarbeiter an den Ausschußwahlen nach und sagte dann wörtlich: „Meine Herren, wenn jemals die Arbeiterschaft eines Berufs ihr Verdikt über ein Gesetz ausgesprochen hat, das ihr als Wohltat empfohlen wurde, ist es hier seitens der Bergarbeiter im Rhein- und Ruhrbezirk geschehen. Die Arbeiter sagen also, was uns in diesem Gesetz geboten wird, das erachten wir für so schlecht, daß wir uns an keiner Wahl zu Arbeiterausschüssen auf Grund desselben beteiligen".

So hatte die Regierung in diesem Jahre, in gänzlicher Verkennung der tatsächlichen Verhältnisse und in absoluter Nichtachtung der wohlbegründeten Vorstellungen der Arbeitgeber, ihre Sozialpolitik mit einem gesetzlichen Eingriff in den Kampf zwischen Arbeitern und Arbeitgebern begonnen, der seinen Zweck vollkommen verfehlt, jedoch in weitem Umfange zur Stärkung der Sozialdemokratie beigetragen hat.

Diesem Vorgehen der Königl. preußischen Regierung folgte in gewissem Grade die Regierung des Königreichs Bayern. Sie wieß in einem Erlaß die Gewerbeaufsichtsbeamten an, den Abschluß von Tarifverträgen zwischen den Arbeitgebern und Arbeitern tunlichst zu fördern. Sehr bald nach dem Bekanntwerden dieses Erlasses forderten die Arbeiter einiger großer Maschinenfabriken in Bayern den Abschluß eines Tarifvertrages. Es ist bekannt, daß Tarifverträge die möglichste Nivellierung der Löhne und somit die Erfüllung einer der ältesten, mit Zähigkeit festgehaltenen Forderungen der Sozialdemokratie bedeuten. Darum eben sind Tarifverträge besonders unzulässig beim Maschinenbau, der wesentlich auf der tunlichst höchsten Leistung des einzelnen Arbeiters beruht. Dies ist besonders der Fall im bayerischen Maschinenbau, der unter allgemein ungünstigeren Verhältnissen arbeitet, als die Maschinenfabriken im Norden Deutschlands. Die Forderung wurde abgelehnt und der Ausstand begann in einzelnen Fabriken.

Er konnte nur durch das feste Zusammenhalten der Arbeitgeber in ihrem Verbande und durch die Aussperrung von rund 30 000 Arbeitern niedergeschlagen werden.

Höchst interessant ist die Aeußerung eines der Führer des Metallarbeiterverbandes, der den Streik herbeigeführt hatte und leitete. Gefragt, wieso man den Kampf in der Maschinenindustrie Bayerns aufgenommen habe, da in dieser die Arbeitsbedingungen doch als befriedigend angesehen werden könnten, antwortete er ganz offen: in dieser Industrie und besonders in der betreffenden Stadt sei die Organisation der Metallarbeiter am weitesten vorgeschritten, es könne daher auf den Sieg der Arbeiter gerechnet werden. Diesen Sieg brauche man, um in der rheinisch-westfälischen Eisen- und Stahlindustrie, in der die Organisation der Arbeiter noch zurück sei, ernstlich vorgehen zu können.

Unter den zahlreichen Streiks in diesem Jahre sind noch besonders hervorzuheben der Ausstand der Bauarbeiter in Rheinland und Westfalen, der Weber und Färber in den sächsisch-thüringischen Staaten und der Arbeiter in den großen Elektrizitätswerken Berlins. Auch diese Ausstände konnten nur durch die Aussperrung großer Massen von Arbeitern beendet werden. Zu dieser Form des Kampfes sind die Arbeitgeber durch die veränderte Taktik der Sozialdemokratie gezwungen worden.

Große Ausstände können von den Arbeitern nur gewonnen werden, wenn es gelingt, die Arbeitswilligen zurückzuhalten. Deswegen mußten die Gewerkschaften, wenn auch ungern und zur schweren Belastung ihrer Kassen, Streikgelder auch an die unorganisierten Arbeiter zahlen. Stellen die Arbeitgeber ihre Werke still, d. h. sperren sie die Arbeiter vollständig oder bis auf einen kleinen, bestimmten Prozentsatz aus, so gibt es keine Streikbrecher; denn die Arbeitgeber nehmen bis zur Beendigung des Ausstandes keine Arbeiter an. Somit entfällt die Notwendigkeit, die Unorganisierten durch Unterstützung von der Wiederaufnahme der Arbeit abzuhalten. Die Gelder der Gewerkschaft sind für deren besondere Zwecke gerettet. Daher ist die Taktik der Sozialdemokraten jetzt darauf gerichtet, Aussperrungen zu provozieren. Zu diesem Zwecke läßt die Gewerkschaft nur eine bestimmte, tunlichst kleine Abteilung von Arbeitern eines Werkes, wie es z. B. in den Berliner Schuckertwerken geschah, die Schraubendreher, in den Ausstand treten, weil das Fehlen dieser Arbeit, wie man ganz genau weiß, in kurzer Zeit den Stillstand des ganzen Werkes zur Folge haben, d. h. die Aussperrung herbeiführen muß. Das ist vorläufig für die Sozialdemokratie nach drei Richtungen von großem Nutzen.

Erstens werden ihre Kassen geschont, zweitens sind die ohne ihr Verschulden ausgesperrten Arbeiter leichter in die Organisation zu treiben, drittens kann gegen die Arbeitgeber mit dem Vorwurf gehetzt werden, daß sie mit rücksichtsloser Brutalität Tausende von Arbeitern auf das Pflaster werfen, ihre Familien in grenzenloses Elend stürzen. Hiervon hat Bebel in seinen am 7. und 14. Dezember im Reichstag gehaltenen Reden starken Gebrauch gemacht. Mit vorzüglich gespielter sittlicher Entrüstung und mit großen Worten hat er die Arbeitgeber wegen der Aussperrungen verurteilt, auch lobend des Abgeordneten Bassermann gedacht, der ähnliches getan hatte.

Diese durch die Aussperrungen wesentlich der Sozialdemokratie erwachsenden Vorteile sind jedoch vorübergehend; sie werden sich mindern und vergehen, je mehr die Arbeiter erkennen, daß sie mißleitet werden, daß sie ihre Haut herhalten müssen, damit die sozialdemokratische Partei Riemen daraus schneidet, wie der „Gewerkverein" in seiner Nummer 51 vom 22. Dezember sagte. Diese Erkenntnis ist im Wachsen begriffen. Die schwersten Niederlagen haben die sozialdemokratischen Gewerkschaften der Metall- und der Textilarbeiter erlitten; sie werden von ihren Organen unumwunden zugegeben und wesentlich auf den Zusammenhang der Gewerkschaften mit der sozialdemokratischen Partei zurückgeführt. Der nach dem Parteitag in Jena notdürftig verklebte Riß zwischen den Führern der Partei und denen der Gewerkschaften wird sich, nach den Erfahrungen dieses Jahres, erweitern, der Einfluß der Parteileitung auf die Arbeiterbewegung wird zurückgedrängt werden. Das wird freilich nicht den Frieden bringen, sondern nur bedeuten, daß die Gewerkschaften in Zukunft bei Abwägung der tatsächlichen Machtverhältnisse kühler, ruhiger vorgehen und erst den Kampf aufnehmen werden, wenn sich große Kampfsfonds angesammelt haben. Die Kämpfe werden zwar seltener, aber dafür schwerer, furchtbarer und verheerender werden. Demgegenüber erkennen die Arbeitgeber mehr und mehr die Bedeutung ihres Zusammenschlusses an. Viele von ihnen sind in diesem Jahre auch reif für die Erkenntnis geworden, daß die Angriffe der Arbeiter nur durch das Mittel der Aussperrung schnell und erfolgreich abgeschlagen werden können. Bleibt die gegenwärtige Wirtschaftslage noch einige Zeit, so werden auch diejenigen besonders großen Arbeitgeber, die heute die Schließung ihrer Betriebe wegen eines bei den anderen ausgebrochenen Ausstandes für undenkbar ansehen, schnell genug zu jener Erkenntnis gelangen.

Dazu wird auch die von der sozialdemokratischen Parteileitung auf dem Parteitage in Jena vorgenommene starke Schwenkung nach der revolutionären Richtung beitragen. Sie hat sich vollzogen unter dem völligen Zusammenbruch des Revisionismus, der seinerzeit die bürgerlichen Sozialisten leider veranlaßte, der Sozialdemokratie sehr weit entgegen zu kommen. Als nach dieser Schwenkung die gemäßigteren Redakteure des „Vorwärts“ von der Parteileitung ausgeschieden wurden, glaubten einzelne Sanguiniker eine Spaltung der Partei voraussagen zu dürfen; mit wie wenig Grund dies geschah, zeigt der Umstand, daß die gemaßregelten Redakteure demütig, wie man so sagt, zu Kreuze gekrochen sind. Seitdem ist der „Vorwärts“ ein bluttriefendes Revolutionsblatt geworden, das seine Brandartikel unter dem Schutze unserer Gesetze täglich den Massen der Arbeiter zuführt. Der Generalstreik ist von dem Parteitage als politisches Kampfmittel anerkannt worden.

Im Hinblick auf alle diese Verhältnisse mußte die von den Vertretern der Wissenschaft auf ihrem Kongreß in Mannheim zu den brennenden sozialpolitischen Fragen eingenommene Stellung in weiten Kreisen, besonders der Arbeitgeber, tiefes Befremden erregen. Denn der zum Referenten bestellte Professor Brentano ließ in seinen Angriffen gegen die Arbeitgeber und in seinen Ansichten über die den Arbeitgebern in ihren Betrieben anzuweisende Stellung kaum einen Unterschied zwischen sich und den Führern der Sozialdemokratie erkennen. Seine schroff sozialistischen Ansichten wurden nur von einem Vertreter der Wissenschaft milde zurückgewiesen, von den anderen beifällig aufgenommen.

Einer unserer ersten im öffentlichen Leben stehenden Industriellen, der Geh. Kommerzienrat Kirdorf, der beste Kenner der Arbeiterverhältnisse aus eigener praktischer Tätigkeit und Erfahrung, hatte es übernommen, den entgegengesetzten Standpunkt der Arbeitgeber zu vertreten. Er wurde, wie es bei seiner Persönlichkeit wohl nicht anders sein konnte, mit Achtung angehört, aber Anerkennung und Zustimmung hat er nur ganz vereinzelt gefunden.

Diese Generalversammlung der Kathedersozialisten hat aufs neue erwiesen, daß der allergrößte Teil unserer akademische Ausbildung suchenden Jugend in sozialpolitischer Beziehung in der Richtung weitgehender sozialistischer Theorien erzogen wird; ob zum Segen der Gesamtheit und des Vaterlandes, kann bezweifelt werden.

Es war zu erwarten, daß die sozialen Verhältnisse und die Sozialpolitik in der kurzen Eröffnungssession des Reichstages vor Weihnachten breit zur Erörterung gelangen würden. In den stenographischen Berichten nehmen die Reden des Führers der Sozialdemokratie den größten Raum ein. Das Interesse, mit dem ich früher die Reden Bebels las, ist wesentlich geschwunden. Ich habe gefunden, daß es ziemlich gleichgiltig ist, welche der von Bebel in den letzten Jahren gehaltenen Reden man zur Hand nimmt, es ist dasselbe, es sind immer die alten Wiederholungen. Und auch jetzt in den beiden langen Reden, die Bebel am 7. und 14. Dezember gehalten hat, sind fast wörtlich gleiche Ausführungen zu finden. Neu in diesen Reden ist die Verherrlichung der russischen Revolution; ich werde wohl Gelegenheit haben, auf sie noch zurück zu kommen.

Von großer Bedeutung sind die Reden der beiden ersten Vertreter der Verbündeten Regierungen gewesen. Aus der am 12. Dezember gehaltenen Rede des Staatssekretärs des Innern Grafen von Posadowsky, wie aus der am 15. Dezember gegebenen Ergänzung strömt der ganze Geist und Charakter dieses bedeutenden Mannes, die warme Vaterlandsliebe, der glühende Wunsch, die Schäden zu heilen, an denen Staat und Gesellschaft so schwer erkrankt sind, die schattenlose Lauterkeit seiner Absichten, der Mut, der Ernst und die schrankenlose Aufopferung in eigener Arbeit sie zu fördern. Diese großen, hervorragenden Eigenschaften des Mannes, der seit 10 Jahren die Sozialpolitik des Deutschen Reiches leitet, habe ich niemals verkannt. Wenn ich ihm, in Vertretung der mir zur Wahrung anvertrauten Interessen nicht selten und zuweilen scharf habe entgegentreten müssen, so geschah es wegen des Idealismus, ohne den eine solche Natur nicht denkbar ist, und wegen der Richtung, in die er in mancher Beziehung von seinen Idealen geführt wurde. Sein Idealismus hat den Staatssekretär auch jetzt zu manchen Aeußerungen veranlaßt, die mit der realen Wirklichkeit und mit den Tatsachen kaum vereinbar erscheinen. Ihn bewegt aufs tiefste die Frage, wie es komme, daß in unserem, in den bedeutendsten Beziehungen so hervorragend gute Verhältnisse bietenden Vaterlande eine Dreimillionen-Partei unsere Geschichte und Vergangenheit leugnen, unser modernes Staatswesen als durch und durch morsch und des neuen Aufbaues bedürftig bezeichnen könne. Als hauptsächlichste Ursache bezeichnet der Staatssekretär den auch in der bürgerlichen Gesellschaft herrschenden Materialismus, die aus ihm entspringende Genußsucht, den Mangel an Opferwilligkeit und an sittlichem Ernst in der bürgerlichen Gesellschaft.

Ich glaube, daß Graf von Posadowsky sich von seiner idealen Weltanschauung verleiten läßt, der bürgerlichen Gesellschaft im allgemeinen unverdiente Vorwürfe zu machen. Ich verstehe unter Materialismus die Wertschätzung der materiellen Güter und das Streben, sie zu erwerben. Auf diesem Materialismus beruht meines Erachtens aller Kulturfortschritt der Welt, ebenso wie auf der

Interessenpolitik, die ein großes leitendes Blatt, mit Bezugnahme auf die Rede des Staatssekretärs, an die Stelle des Materialismus gesetzt haben wollte. Denn aus der wirkungsvollen Verfolgung der einzelnen Interessen geht das Blühen und Gedeihen der Gesamtheit hervor.

Aus dem Materialismus und der Interessenpolitik ist der auch von dem Staatssekretär zugegebene größere Wohlstand der Nation hervorgegangen, der es ermöglicht hat, auch deren ideale Güter und damit den Stand der allgemeinen Kultur zu pflegen und zu fördern. Es wird nicht in Abrede gestellt werden können, daß gerade von den begüterten Kreisen die idealen Güter am wirkungsvollsten gehegt und gepflegt werden. Schlemmer, Prasser und Protzen gibt es in allen Ständen; sie könnten den gesunden Materialismus und die Interessenpolitik diskreditieren, wenn ihre Zahl nicht verhältnismäßig so gering und ihre Stellung in der Gesellschaft nicht höchst fragwürdig wäre.

Was der Abgeordnete Dr. Graf zu Stolberg-Wernigerode in seiner gegen die Ausführungen des Staatssekretärs am 14. d. M. gehaltenen Rede von den Grundbesitzern behauptete, das nehme ich in vollem Umfange auch für den Stand der Gewerbetreibenden, besonders der größeren unter ihnen, in Anspruch: die verhältnismäßige Einfachheit ihres Lebens, die unermüdliche, vielfach durch die Sorge um die Beschäftigung und das Wohl ihrer Arbeiter erschwerte Arbeit und damit die Betätigung eines hohen sittlichen Ernstes, den der Staatssekretär glaubt vermissen zu sollen.

Die mit dem zunehmenden Wohlstande gehobene Lebenshaltung, das größere Wohlleben der Begüterten, ist meines Erachtens eine natürliche und auch notwendige Folge der an sich so hoch befriedigenden Entwickelung unserer wirtschaftlichen Zustände; denn auch darauf beruhen sehr wesentliche Fortschritte der Kultur. Die Pflege der Kunst, das Gedeihen zahlreicher Gewerbe und wohl auch die Neigung zur Förderung wissenschaftlicher Bestrebungen und Betätigung haben einen gewissen verständigen Luxus in der Lebenshaltung zur Vorbedingung.

Nicht Graf von Posadowsky hat es gesagt, aber sonst wird vielfach auf die Besitzer der großen Vermögen als auf Drohnen hingewiesen, die ihre Millionen in Müßiggang und Wohlleben verzehren. Nichts ist falscher und ungerechter als solche Auffassung. Was sind denn diese Männer, die mit großer Anstrengung ihre Bergwerke, ihre Fabriken betreiben, ihren weit erstreckten Grundbesitz bewirtschaften, anderes, als Verwalter großer Vermögen im allgemeinen, öffentlichen Interesse. Von ihrem nach Millionen ihnen zufließenden jährlichen Einkommen verbrauchen die meisten für sich nur einen sehr geringen Teil und von diesem Verbrauch leben viele andere. Der größte Teil des Einkommens fließt wieder den im öffentlichen Interesse verwalteten Vermögen zu.

Wenn Graf von Posadowsky beklagt, daß mit dem wachsenden Wohlstand die Opferfreudigkeit des Bürgertums nicht gleichen Schritt gehalten habe, so kann ich das für die Industriellen nicht gelten lassen. Der Finanzminister hat in seiner am 7. d. M. gehaltenen, wegen des gebrachten Tatsachenmaterials unvergleichlich bedeutungsvollen Rede in der vorerwähnten Beziehung anders geurteilt. Uebrigens hat Graf von Posadowsky in seiner zweiten, am 15. d. M. gehaltenen Rede, dem Vorwurf der mangelnden Opferwilligkeit nach verschiedenen Richtungen eine durchaus andere Deutung gegeben; nach dieser muß die Berechtigung des Vorwurfes in der gemachten Begrenzung anerkannt werden.

Der Staatssekretär hat die Gefährlichkeit der Sozialdemokratie und ihre Bestrebungen für Staat, Gesellschaft und Wirtschaftsleben vollkommen richtig erkannt; was er in dieser Beziehung gesagt hat, ist unbestreitbar richtig; aber er will eine scharfe Scheidelinie ziehen zwischen der modernen Arbeiterbewegung und der sozialdemokratischen Bewegung. In dieser Beziehung beklagt Graf von Posadowsky, daß es noch immer Kreise gebe, die in jeder Forderung der Arbeiter einfach sozialdemokratische Forderungen erblicken. Das sei der schwerste politische Fehler, der gemacht werden könne; er trage wesentlich zur Stärkung der Sozialdemokratie bei.

Es ist wohl möglich, daß ein einzelner Arbeitgeber hier oder da derart engherzig und kurzsichtig verfährt; wirkliche Kreise von Arbeitgebern, die so groß und bedeutend sind, daß sie öffentliche Beachtung verdienen und so handeln wie Graf von Posadowsky es meint, sind mir nicht bekannt. Der Staatssekretär hat in seiner Rede kurz vorher selbst auf die außerordentliche Besserung der Lage der deutschen Arbeiter hingewiesen. Der Finanzminister von Rheinbaben berechnete in seiner Rede die Steigerung der Löhne von 1888 bis 1903 im Durchschnitt — die jugendlichen Arbeiter, Frauen und Kinder mitgerechnet — auf 33 $^1/_3$%. Wie außerordentlich wenig ist davon durch die Arbeiterbewegung erkämpft worden! Ich verweise als Beispiel auf die rheinisch-westfälische große Eisen- und Stahlindustrie. Irgend bemerkbare Ausstände haben in dieser Industrie überhaupt noch nicht stattgefunden, und dennoch gehören ihre Arbeiter zu den bestbezahlten überhaupt. Die Besserung der Lage der Arbeiter nicht nur in Bezug auf die Löhne, sondern auch hinsichtlich der von dem Staatssekretär besonders angeführten Gebiete der Gesundheit,

Sittlichkeit und des äußeren Anstandes in den Betrieben, ist nicht von der Arbeiterbewegung erkämpft, ist nicht den Arbeitgebern abgerungen worden, sondern von diesen, in richtiger Würdigung der fortschreitenden Entwickelung der Verhältnisse, freiwillig gegeben worden. An die sonstigen Wohlfahrtseinrichtungen will ich hier nur flüchtig erinnern.

Aber dennoch hat Graf von Posadowsky in gewissem Maße recht. In den allermeisten Fällen werden in der Tat die Forderungen der Arbeiter wie sozialdemokratische Forderungen behandelt. Sie müssen so behandelt werden, weil die Sozialdemokratie jeder Bewegung der Arbeiter, auch wenn es sich ursprünglich lediglich um die Besserung der Arbeitsbedingungen handelte, den Charakter des Klassenkampfes, den parteipolitischen Charakter, beizulegen, sie mit Machtfragen zu verquicken versteht und damit zu einer sozialdemokratischen Bewegung macht. Bei diesen Bewegungen handelt es sich fast immer um Angriffe auf die berechtigte Stellung des Arbeitgebers in seinem Betriebe. Daher sind die Arbeitgeber im Interesse der Selbsterhaltung zum äußersten Widerstande gezwungen. Wie die jüngste Vergangenheit zeigt, haben die Arbeitgeber gelernt, und sie werden es immer mehr lernen, solchen Angriffen der Sozialdemokratie und ihrer Gewerkschaften mit unwiderstehlicher Kraft entgegenzutreten.

Wenn bei solchen schweren Kämpfen, bei denen selbst der Anschein der Nachgiebigkeit schon als Schwäche und Niederlage gebrandmarkt wird, hin und wieder auch der berechtigte Kern der gewöhnlich mit unerfüllbaren Bedingungen beschwerten Forderungen zurückgewiesen wird, so wolle Graf von Posadowsky das Verschulden der Sozialdemokratie, aber nicht den in die Notwehr versetzten Arbeitgebern zuschreiben.

Die von dem Staatssekretär des Innern seit der mit Einbringung des Gesetzentwurfes betreffend die Regelung des gewerblichen Arbeitsverhältnisses erlittenen schweren Niederlage verfolgte Sozialpolitik ist von der übergroßen Mehrheit der deutschen Arbeitgeber bekämpft und zurückgewiesen worden, weil sie in der Hauptrichtung dieser Politik eine Begünstigung der sozialdemokratischen Bewegung erblickten. Ich kann mich des Eindruckes nicht erwehren, daß die Rede des Grafen von Posadowsky ein Ausfluß der schmerzlichen Erkenntnis ist, daß sein ernstes, von höchstem Wohlwollen und von glühender Vaterlandsliebe geleitetes Streben, durch äußerstes Entgegenkommen die Sozialdemokratie allmählich zu entwaffnen, sie wieder in den Kreis der bürgerlichen Gesellschaft zurückzuführen, vergebens gewesen, daß sein warmherziges Hoffen enttäuscht worden ist. Denn er muß sehen, wie die Sozialdemokratie, anstatt sich zu mäßigen und milder zu werden, heute, wenn sie es wagen dürfte, bereit wäre, in die Straßen zu gehen und die blutige Revolution anzufachen. Wir wollen abwarten, ob Graf von Posadowsky die notwendigen Lehren aus der erwähnten Erkenntnis und Enttäuschung ziehen wird.

Die vom Reichskanzler am 14. Dezember gegen Bebel gehaltene Rede ist das stärkste, was jemals gegen die Sozialdemokratie gesagt worden ist. Ihr ganzes vaterlandsloses, anarchistisches, den Staat, die Gesellschaft und das Wirtschaftsleben der Nation schwer gefährdendes Treiben ist so scharf und schlagend, mit so wunderbarer Steigerung des Effekts in derart knapper Zusammenfassung der Sozialdemokratie noch niemals vorgehalten worden.

Es wäre zu wünschen, daß auch in Deutschland, entsprechend dem in Frankreich herrschenden Gebrauch, Reden wie diese vom Reichskanzler und vom Finanzminister gehaltenen, in vielen Millionen Exemplaren im Lande verbreitet würden; denn jetzt bekommen die Massen keine Kenntnis von ihnen, während die von den Sozialdemokraten im Reichstage zum Fenster hinaus gehaltenen Brandreden durch die sozialdemokratische Presse die weiteste Verbreitung finden.

Aber selbst die herrliche Rede des Reichskanzlers besteht nur aus Worten; gegen die sozialdemokratische Bewegung, die der Reichskanzler ja genau kennt, haben seine Worte keine größere Kraft und Wirkung, wie der Hauch, der sie hervorbringt. Selbst den stärksten Worten kann jetzt, im Hinblick auf die veränderte, die revolutionäre Richtung der Sozialdemokratie, nur ungemein wenig Wert beigelegt werden.

Schon Bebel wies sehr nachdrücklich auf die revolutionären Zustände hin. „Ja, die Zeiten sind ernst," sagte er am 7. Dezember, „glauben Sie denn, daß das, was sich dort im Osten abspielt, nicht auch den deutschen Arbeiter bis ins Innerste bewegt und erregt?" Und, wohl im Hinblick auf die Unbotmäßigkeiten im russischen Heere, hatte er den traurigen Mut, auszusprechen, daß, wenn die Zustände in unserem Vaterlande nicht den Forderungen der Sozialdemokratie entsprechend umgestaltet würden, die Arbeiter sich das nächste Mal wohl fragen würden, ob sie es überhaupt verteidigen würden. Ohne irgend welche Scheu werden täglich von der sozialdemokratischen Presse, von den Agitatoren und Parteirednern den Arbeitern die russischen Revolutionäre und Mordbrenner als nachahmungswerte Vorbilder vorgehalten.

Der „Vorwärts" vom 19. November begrüßte die Flottenvorlage unter der Ueberschrift „Eine maßlose Provokation" mit einem Brandartikel, in dem u. a. folgendes gesagt war: „Allein das wichtige Moment ist: der derbe Faustschlag der herrschenden kapitalistischen Interessenpolitik wird dem deutschen Proletariat gerade in dem Augenblick verabreicht, wo vom Osten die schönsten Blitze und das herrlichste Donnerwetter der russischen Revolution in die dumpfe Dunkelkammer der preußisch-deutschen Rückständigkeit hinüberleuchten und alle schwarzen Winkel der baufälligen Baracke mit erschreckender Deutlichkeit aufzeigen. Die russische Revolution ist, wie jeder denkende Politiker, jeder ernste soziale Beobachter weiß, bloß der Prolog einer stürmischen Periode scharfer Klassenkämpfe in allen kapitalistischen Staaten. Deutschland ist vielleicht der nächste an der Reihe dieser Staaten, in denen eine langjährige skrupellose Klassenherrschaft von der Volksmasse zur Rechenschaft gezogen wird."

Sollte solche Sprache, sowie die ungehinderte tägliche Verhetzung mit den, jetzt auf den Generalstreik und die Revolution gerichteten Zielen in der Tat auf die Dauer vereinbar sein mit der Wohlfahrt und Sicherheit des Staates und der Nation, die doch auch von der Regierung so warm erstrebt wird, und für die sie doch einen großen Teil der Verantwortung trägt? Sollten dieser rücksichtslosen, brutalen, systematisch betriebenen Aufwiegelung unserer Arbeiter gegenüber dauernd Worte allein als ausreichende Mittel zur Abwehr anerkannt werden? In weiten Kreisen der bürgerlichen Gesellschaft verbreitet sich mehr und mehr ein durch die Untätigkeit der Regierung dem wüsten Treiben der Sozialdemokratie gegenüber erzeugtes und genährtes Gefühl der Bangigkeit und Sorge.

Graf von Posadowsky vertritt in seiner zweiten, am 15. d. M. gehaltenen Rede, wohl den sogenannten vermeintlichen Scharfmachern gegenüber, die Ansicht, daß man mit Gesetzen zwar ungesetzliche Ausbrüche verhindern, den krankhaften Zustand unseres deutschen Volkskörpers aber, wie er in der fortgesetzten Zunahme der Sozialdemokratie liegt, keineswegs heilen könne. Nun, Graf von Posadowsky hat die Heilung auf anderem Wege jahrelang nachhaltig versucht, mit welchem Erfolge, ist hier gezeigt worden.

Weite Schichten des Bürgertums sind dem jetzigen Gebahren der Sozialdemokratie gegenüber von der Ueberzeugung durchdrungen, daß die bestehenden Gesetze nicht genügen, um die große Masse der jetzt noch vaterlandsfreundlichen, der bürgerlichen Gesellschaft noch angehörigen Arbeiter ausreichend vor der vergiftenden Agitation, vor dem unwiderstehlichen Terrorismus der Sozialdemokratie zu schützen, ungesetzliche Ausbrüche dieser zu verhindern. Man erwartet, daß den starken Worten endlich auch Taten folgen werden.

Freilich kann die Regierung für ihre Passivität auf den Umstand verweisen, daß sie für ein aktives Vorgehen im Reichstage nicht ausreichende Unterstützung finden würde. Dieser Umstand kann die Regierung nicht von der Verpflichtung befreien, im gegebenen Falle das zu tun, was nach Lage der Verhältnisse zu tun notwendig ist.

Sollte die Regierung die Notwendigkeit erkennen, der verwerflichen Agitation, der furchtbaren Schreckensherrschaft der Sozialdemokratie über die gesamte Arbeiterschaft gesetzgeberisch entgegenzutreten — ob diese Erkenntnis bei ihr durchgedrungen ist, weiß man gegenwärtig nicht —, so würde sie die Verpflichtung haben, ohne Rücksicht auf den Erfolg, solche Gesetze dem Reichstag vorzulegen. Das würde sie — immer den Fall der Erkenntnis vorausgesetzt — ihrem Gewissen und dem Vaterlande schuldig sein. Würden solche Gesetze vom Reichstage wieder zurückgewiesen werden, so würde dieser, nicht die Regierung, die Verantwortung für die möglicherweise kommenden Ereignisse tragen. Ich glaube, daß meine Erinnerung mich nicht täuscht, wenn ich behaupte, daß der erste große Kanzler des Deutschen Reiches in dieser Weise seine und die Pflicht der Regierung einst gekennzeichnet hat.

Das Jahr mit seinen großen Ereignissen auf dem Gebiete der Sozialpolitik geht zu Rüste. Mit dem diesem Gebiete zugewendeten Blick können wir das neue Jahr nicht freudig und hoffnungsvoll begrüßen.

IV.

Auf verlorenem Posten?*)

Vom Regierungsrat a. D. Dr. Eugen Leidig.

Vor kurzem hat in der Zeitung „Der Tag“ der Reichstagsabgeordnete Herr Dr. Hugo Böttger lebhafte Vorwürfe gegen den Centralverband Deutscher Industrieller und die weiten Kreise der deutschen Industrie, die in ihm ihre Vertretung finden, erhoben. Auf verlorenem Posten, so prophezeit mein hochgeschätzter Freund Herr Dr. Böttger, stehe der Centralverband und die mit ihm verbundenen Industrien. Freundlicherweise erkennt er zwar an, daß der Centralverband Deutscher Industrieller wenigstens ehedem eine bedeutungsvolle Interessenorganisation gewesen sei, heute aber schalte er sich mit seiner Politik nach und nach aus der deutschen Staatskunst selbst aus, weil er einer völlig doktrinären Betrachtungsweise der öffentlichen Zustände verfallen sei und sich so um allen Einfluß im Vaterlande bringe. Herr Dr. Böttger gerät, wie er sagt, in eine gelinde Verzweiflung, daß diese Säulen der bürgerlichen Intelligenz, welche die leitenden Mitglieder des Centralverbandes Deutscher Industrieller bilden, selbst höchst reaktionär und brüchig zu werden beginnen und sich mit Aussicht auf viel Erfolg an einem Preisausschreiben für die rückständigste Auffassung der Arbeiterfrage beteiligen können. Glücklicherweise weiß Herr Dr. Böttger wenigstens eine gewisse Entschuldigung für die Großindustriellen. Sie haben keine Zeit, alle volkswirtschaftlichen und sozialen Zusammenhänge des deutschen Vaterlandes zu verfolgen und zu studieren. So bleibt denn nichts übrig, als den Ratschlägen ihrer Generalsekretäre zu folgen. Leider sind die Industriellen nun, nach der Auffassung meines hochgeschätzten Freundes und Kritikers, nicht gerade an die richtigen Leute gekommen. Herr Bueck und ich, wir beide bewegen uns noch völlig — immer nach der Auffassung des Herrn Dr. Böttger — in dem Banne des Naturrechts. Unsere nationalökonomische und wirtschaftliche Intelligenz scheint ihm nicht eben

*) Aus „Der Tag“ Nr. 322, vom 5. Juli 1905.

besonders groß, und darum bestärken wir beide die dem Centralverbande Deutscher Industrieller anhängenden Industriellen in Anschauungen, die auf Neuheit, allgemeinere Anerkennung und Brauchbarkeit keinen Anspruch machen.

Merkwürdig, daß viele Menschen, und ich möchte glauben, auch Herr Dr. **Böttger**, so leicht populäre Strömungen mit dem, was objektiv richtig ist, verwechseln. Sollte es nicht doch ein wenig Bedenken erregen, daß, ich kann wohl sagen fast ohne Ausnahme, alle führenden Männer der deutschen Industrie, alle diejenigen, die den Ruhm und die Größe der deutschen Industrie geschaffen haben und die ihn noch heute tagtäglich über die Welt hin ausbreiten, daß sie alle auf demselben „verlorenen Posten“ stehen.

Glaubt Herr Dr. **Böttger** wirklich, daß alle diese Männer, die in täglicher Arbeit in der Organisation großer Arbeitermassen geübt werden, die dauernd mit ihren Arbeitern zusammenwirken müssen, daß sie alle so jugendlich unfertig in ihrem Urteil sind, um sich von weltfremden Reaktionären, als die Herr Dr. **Böttger** die Geschäftsführer des Centralverbandes Deutscher Industrieller zu bezeichnen die Güte hat, in die Irre führen zu lassen, und glaubt Herr Dr. **Böttger**, daß in der Tat Professoren und Journalisten in großen Städten eine umfassendere Kenntnis, größere Kunde von den tatsächlichen Zuständen, tiefere Einsicht in die Folgeerscheinungen der gesetzgeberischen Maßnahmen und der populären Wünsche haben müssen, als die Geschäftsführer von Verbänden, deren Beruf es ist, täglich und stündlich mit den Industriellen selbst in Verkehr und Gedankenaustausch zu stehen.

Herr Dr. **Böttger** wirft dem Centralverbande Deutscher Industrieller vor, daß er hinsichtlich der Gestaltung des Arbeitsvertrages hinter den Bedürfnissen der Zeit zurückstehe, es sei eine naturrechtliche Auffassung, wenn man in der Fiktion einer völligen Gleichheit der beiden Parteien die absolute Freiheit des Arbeitsvertrages sanktionieren wolle, und er bekämpft deshalb die Resolution der letzten Delegiertenversammlung des Centralverbandes Deutscher Industrieller, wonach der Arbeitsvertrag den Gegenstand vollkommen privater Abmachung zwischen dem Arbeitgeber und Arbeiter bilden soll.

Ich bin glücklich, mit Herrn Dr. **Böttger** völlig übereinzustimmen; auch ich würde eine solche Auffassung nicht für richtig halten. Der Centralverband Deutscher Industrieller hat sich denn auch niemals zu dieser Anschauung bekannt, und er hat die von Herrn Dr. **Böttger** angeführte Resolution auch nicht gefaßt. Ganz etwas anderes ist es, was unsere Resolution besagt. Da heißt es, daß der Centralverband Deutscher Industrieller die Auffassung vertrete, daß der Arbeitsvertrag innerhalb der vom Gesetz gezogenen Grenzen den Gegenstand vollkommen privater Abmachung zwischen dem Arbeitgeber und dem Arbeiter bilden muß. Der Unterschied zwischen unserer wirklichen und der von Herrn Dr. Böttger uns imputierten Auffassung liegt klar vor Augen, ein Eingreifen der Gesetzgebung nach Maßgabe der realen Bedürfnisse der Zeit hat der Centralverband Deutscher Industrieller niemals abgelehnt.

Zweifel und Verschiedenheiten der Auffassungen bestehen hier nur über das Maß des Eingreifens im einzelnen Falle, innerhalb der gesetzlichen Grenzen verlangt er aber, und ich möchte glauben, daß, abgesehen von einigen recht vorgeschrittenen Sozialpolitikern und den Sozialdemokraten, hier doch die große Mehrzahl der Theoretiker und Praktiker zur Zeit noch mit uns übereinstimmt, innerhalb dieser Grenzen verlangen wir freie Bewegung für beide Parteien.

Auch hinsichtlich eines zweiten Gegenstandes unserer Beschlüsse besteht ein Mißverständnis unseres so gestrengen Herrn Kritikers. Der Centralverband hat sich niemals gegen die Errichtung von Arbeiterausschüssen erklärt. Ob in einem Betriebe Arbeiterausschüsse zu errichten sind, ob sie mit Vorteil wirken können, das hängt von zahlreichen individuellen Verhältnissen des einzelnen Betriebes ab. Die Anschauungen hierüber sind seit langem in dem Kreise der Mitglieder des Centralverbandes geteilt. Die einen haben gute Erfahrungen gemacht, andere schlechte, andere wieder haben grundsätzliche Bedenken gegen die Einführung dieser Organisation in ihren Betrieb. Einstimmig sind aber alle Mitglieder des Centralverbandes in der Verurteilung der obligatorischen Einführung von Arbeiterausschüssen von Staats wegen in die Betriebe, einstimmig vor allem um deswillen, weil alle Mitglieder des Centralverbandes überzeugt sind, daß die Arbeiterausschüsse nur dann mit Nutzen zu wirken vermögen, wenn sie Vertrauensorgane des Arbeitgebers wie der Arbeiter sind, nicht aber auch dann, wenn sie dem Arbeitgeber gegen seinen Willen aufoktroyiert werden.

Und endlich, Herr Dr. Böttger bekämpft die Gegnerschaft des Centralverbandes gegen die Tarifverträge mit den Arbeiterorganisationen. Auch hier befindet sich Herr Dr. Böttger zunächst in einem tatsächlichen Irrtum. Ich kann ihm versichern, daß es sich hier wirklich nicht um eine doktrinäre Auffassung der Geschäftsführer des Centralverbandes handelt, sondern daß wir gerade hier dringenden Wünschen und tiefbegründeten Auffassungen weitester Kreise der Industriellen selbst Ausdruck gegeben haben, Anschauungen, die sich gerade bei führenden Industriellen zu der Ueberzeugung verdichtet haben, daß die Einführung der Tarifverträge in die deutsche Industrie ein ganz ungemein schwerer Schlag für die Stellung unserer deutschen Ausfuhrindustrie auf dem Weltmarkte sein würde. Immer wieder und wieder muß zudem all denjenigen Herren, die, wie Herr Dr. Böttger, vielleicht doch nicht ganz jenes Doktrinarismus bar sind, den sie so sehr verabscheuen, entgegengehalten werden, daß die Koalitionen, die für sich in Anspruch nehmen, namens der deutschen Arbeiter zu sprechen, heute jedenfalls erst eine verhältnismäßig kleine Minderheit der deutschen Industriearbeiter umfassen und das Anerkennen dieser Organisationen als Wortführer der deutschen Arbeiterschaft doch nichts anderes heißen würde, als die Mehrheit zu Gunsten der Minderheit mundtot zu machen, ein Verfahren, das ich nicht eben liberal zu nennen vermag.

Gewiß kämpft der Centralverband Deutscher Industrieller heute gegen populäre Strömungen; er hat dies während seines ganzen bisherigen Bestehens tun müssen. Als er gegründet wurde, herrschte überall die Anschauung des Freihandels: kein wirtschaftlich gebildeter Mann durfte dem Schutzzoll das Wort reden. Herrn von Kardorffs Schrift, die vor nun bald dreißig Jahren mit den Anstoß zur Begründung des Centralverbandes Deutscher Industrieller gegeben hat, führte den bezeichnenden Titel „Gegen den Strom", und seitdem hat der Centralverband Deutscher Industrieller häufig gegen den Strom anfahren müssen, doch nicht immer ohne Erfolg. Die Freihandelspartei sans phrase ist in Deutschland heute recht selten geworden, und noch in den letzten Wochen haben wir wieder ein recht bezeichnendes Beispiel dafür kennen gelernt, daß doch nicht alles, was populär ist, auch immer richtig ist. Ich möchte glauben, daß mancher — ich weiß nicht, ob nicht auch Herr Dr. Böttger selbst — nicht alles, was er in der ersten Begeisterung für die streikenden Bergarbeiter geschrieben und gesagt hat, auch heute noch für völlig zutreffend erachtet. Inzwischen werden doch gerade Männern der politischen Parteirichtung, der Herr Dr. Böttger angehört, mancherlei Bedenken darüber aufgestiegen sein, ob der Centralverband Deutscher Industrieller nicht auch hier recht gehabt hat, wenn er sich der Massenpsychose, die vor wenigen Monaten weiteste Kreise in Deutschland erfaßte, ein wenig kritisch gegenüberstellte. Fürst von Bülow hat einmal kürzlich ziemlich verächtlich von derartigen populären Strömungen gesprochen, vielleicht nicht mit ganz glücklicher Redewendung. In der Sache selbst ist unser großer erster Kanzler sein Lebelang derselben Ansicht gewesen. Auch er hat häufig gegen den Strom anschwimmen müssen, und doch stand er wohl niemals auf verlorenem Posten. So glauben wir auch, daß die deutsche Industrie, vor allem die im Centralverband Deutscher Industrieller vereinigten Kreise einen guten Kampf führen, wenn sie, auch auf die Gefahr hin, unpopulär zu werden, die Wurzeln, aus denen die Kraft und Blüte der deutschen Industrie erwachsen ist, zu schirmen suchen gegen das Andrängen der Sozialdemokratie und von Sozialpolitikern, die vielleicht doch ein wenig zu sehr Theoretiker sind, um die praktischen Bedürfnisse einer im Weltkampf stehenden Industrie immer richtig würdigen zu können.

Druck: Deutscher Verlag (Ges. m. b. H.), Berlin SW 11. 6173

FSC
www.fsc.org
MIX
Papier | Fördert gute Waldnutzung
FSC® C083411

Kolibri 360 GmbH
Ferdinand-Jühlke-Straße 7
99095 Erfurt, Deutschland
produktsicherheit@kolibri360.de